強運

斎藤一人

PHP文庫

○本表紙図柄＝ロゼッタ・ストーン（大英博物館蔵）
○本表紙デザイン＋紋章＝上田晃郷

はじめに

あなたは、強運になりたいですか？
一生、運のいい人間だと言われるような人生を歩きたいですか？
自分の強運で、まわりの人を守ってあげたいですか？
強運になる方法をみんなにも教えてあげたいですか？
もしそうなら、この本をお読みください。

斎藤一人

この本を読む方へ

私は、「頑張る」という字を「顔晴る」と書きます。

「気合」という字は「気愛」と書きます。

この本も、そのように書かせていただきました。

よろしくお願いします。

それと、文面の中で、私は自分のことを「一人さん」と言っていますが、そういうログセですから気にしないでください（笑）。

斎藤一人

強運

目次

プレゼントコーナー

斎藤一人塾 愛弟子勉強会入門

編集協力——田宮陽子

強運は、特別なことではない

いまから「強運」の話をします。

私は、自分でも強運だと思っているし、世間も私のことを強運だと思っています。

でも、強運って、特別なことだとは思いません。

強運って「強運になる考え方」があって、「強運な人」って「それを実践している人」だというのが私の理論なんです。

世間の人が言う強運は、この理論を間違えていることがほとんどです。

たとえば、強運とは、努力もなしに、いきなり、すごいことが起きることだと思っている人がいます。

でも、これが、間違いなんです。

私の「強運の理論」から言うと、「いまの自分の実力より、ひとつ上のことに全力で取り組む人」が強運を呼び寄せるのです。

でも普通の人って、不思議なんだけど、ひとつ上のことって、なぜか一生懸命になれない。

それが強運を逃しているんです。

「人生の壁」は上にいくほどラクに乗り越えられる

よく私は、人生を「竹」にたとえます。

人生には「竹」と同じように、いくつか「節目」があるんです。

竹の節目って、下から見ると、ものすごく厚いように見えます。

下から串を突きさすとしたら、たくさんの節に当たるから、ものすごく大変に思えます。

でも、竹をまっぷたつに割って、見てみるとどうでしょう。

ひとつ節目があったら、その先はスーッと空洞になっていて、次の節目に当たるまでは、ラクに上にあがっていけます。

しかも、竹の節目って、上にいけばいくほど、どんどん薄くなっているのを知っていますか？

上にいけばいくほど、どんどん、突破するのがラクになる。

竹の節目と同じように、この自然界にあるものは、上にいけばいくほど、どんどん薄くなっていくんです。

高層ビルだって、上の階にいけばいくほど、重量が軽くなっている。

同じように、人生の壁に当たっても、上にいけばいくほど、簡単に乗り越えられるんです。

でも普通の人は、上にいけばいくほど、「だんだん難しくなる」と思っています。

たとえば、小学校より中学校、中学校より高校のほうが、授業が難しくなる。

それと同じように、「上にいけばいくほど、問題も難しくなる」って、思いこんじゃっているんですね。

でも、それは、普通の人の観念なんです。

自分で「次はもっと難しくなるぞ」と思って、意図的に難しくしちゃってる。

でも、もういっぺん言うけど、自然界には、上にいけばいくほど難しくなるものは、存在しない。

上にいけばいくほど、どんどん、ラクになるのが真実です。

いちばん下から、最初の壁を乗り越えて、ひとつ上にあがるときが、いちばん大変。

二つめの壁は、もうちょっとラクなんです。

三つめの壁は、もっとラクになっています。

そんなことを当たり前だと思っている人が、「強運の持ち主」なんです。

ひとつ上のことに全力で取り組む

「ひとつ、ひとつ、上にあがっていくのは面倒だから、どこか抜け道はないか」と思っている人がいます。

そういう人が、道に迷っちゃうんですね。

サラリーマンだったら、ひとつ上の役職に上がることに、全力をあげればいいんです。

パートさんだったら、パートの中でいちばん返事がいいとか、いちばん気愛を入れてやっていればいいんです。

そういう人は、まわりが放っておかない。どんどん上にあがっちゃうんだよ。

それで上にいくと、スゴイ人ばっかりいると思っている人がいます。

上の世界にも、あなたとうんと差があるような人はいません。

本当の「強敵」っていうのは、「ひとつ上のことに、真剣に取り組んでいる人」なんです。

たとえば、居酒屋さんをやっていて、お客さんがあんまり来なくてヒマだとします。

そうしたら、「一回来てくれたお客さんが、どうしたら二回来てくれるか」「二回来てくれたお客さんが、どうしたら三回来てくれるか」に、全力をあげることです。

そうやって考えている人は、そのうち必ず、自分のお店をお客さんでいっぱいにできます。

いまお店がヒマなのに、いきなり「チェーン店をつくりたい」なんて言う人がいますね。

私に言わせると、ものすごく無謀な考え方です。

もし本当にチェーン店ができたとしても、「ものすごくヒマなチェーン店」

ができちゃうことになるでしょうから。

だから、大きな夢を語ってる人は、たいした人ではありません（笑）。

いまの自分より、ひとつ上のことを、まともにやっていく人間が「強運」なんです。

何かの分野でえらくなった人は、ほとんどが貧しかった

松下幸之助さんは、「自分をここまで上げてくれたのは、『三つのこと』しか考えられない」と言っています。

「三つのこと」とは、一つめは「家が貧しかったこと」。

二つめは「小学校しか出ていないこと」。

三つめは「体が弱かったこと」。

松下幸之助さんは、貧しいがゆえに、お金持ちになろうと思ったんです。

学校を出ていないがゆえに、「学ばなきゃいけない」と思って、いろんな本を読んだんです。

自分の体が弱いがゆえに、人を育てて、仕事をまかせなきゃいけないと思ったんです。

でも、この「三つのこと」って、よく考えると普通の人が、何かできないときの言い訳に使うことばかりです。

「貧しいから、できなかったんだ」とか。

「学校に行ってないから、ダメなんだ」とか。

「体が弱いから、あきらめたんだ」とか。

ダメな理由になるようなものを全部、「私を成功させてくれたのは、この三つしか考えられない」と松下幸之助さんは言っているんです。

実は、世界の偉人とか、何かの分野でえらくなった人って、ほとんどの人が子どものころ、貧しかったんです。

だとすると、「貧乏」と「えらくなれない」ってことは、イコールじゃない。

「貧乏人だからダメなんだ」と思うか、「オレは貧乏だから、顔晴ればいいんだ」と思うかの違いです。

それに気づくことが「強運」なんです。

「お金がないなら、働く」。それって、恥ずかしいことですか？

「僕の家は貧乏だから、奨学金もらって学校に行くんだ」って言う人がいます。

勉強が好きな人は、奨学金、もらってもいいんです。

だけど、奨学金もらうほど、勉強が好きじゃない人もいますよね。

そういう人は、働けばいいんです。

お金がないなら、働く。とてもシンプルな選択です。

でも、学校に行かないで働くって、恥ずかしいことみたいに思っている人がいますね。

でも、本当に恥ずかしいことなんですか？　働くことを選ぶのって、恥ずかしいことなんですか？

よく考えてみてください。

あなたが一生懸命働いていたら、必ずあなたを応援する人が出てくるんです。

あなたがやってる努力を、世間は必ず見ています。

たとえば高校野球でも、選手たちが一生懸命やってるから、応援が出るんです。

炎天下で一生懸命練習して、それでも甲子園に行けなかったとする。

甲子園に行けなくたって、いいんです。

その人が会社に入ったときに、

「あの炎天下でやっていたことに比べたら、会社の仕事なんてラクなもんですよ」

と言って、一生懸命仕事したとします。

その人は絶対、出世します。

昔やった努力というのは、必ず後になって生きてくるんです。

過去をひきずって、自分を苦しめるのはやめよう

私はちっちゃいときから、体の具合が悪かったんです。

でも、「オレは体の具合が悪いから、学校に行けなかったんだ」って言うと、悲劇のヒロインみたいで暗い。相手にも気を遣わせてしまいます。

私は、悲劇のヒロインなんかに、なりたくない。

どんなときも、明るく、楽しく、生きたいんです。

だから、「自分の好きで学校に行かなかったんだよ」って言ってると、話がだいぶ変わってくるんです。

もちろん、私の場合は本当に学校に行きたくなかったのですが（笑）。

私の弟子のみっちゃん先生が、前にパーティで乾杯の音頭《おんど》をとったときに、「カンパーイ！」って言って、手を出したら、コップを持っていなかったそうです。

みっちゃん先生は、そのときのことを気にして、「思い出すだけで、冷や汗が出るんです」って言っているから、「その言い方、よしな」って言いました。

そういうときは、

「思い出すだけで、笑いがとまらなくなる」

と言うだけで、人生って、違ってくるんですよ。

みんな過去をひきずっていて、

「自分はダメな人間だ」

「どうせダメだから、努力なんかしなくていいや」

って言っているけど、過去を変えればいいんです。

昔あったことを、明るく、楽しい思い出に、自分の中で変えるんです。

この前も、おもしろいことがありました。

私は中学校の同級生に会うたびに、冗談で、「オレも生徒会長、長くやってたからね」って、何かにつけて言っていたんです。

もちろん私は、生徒会長なんか、していません（笑）。

そしたら何年もたってから、同級生が私と会ったとき、「お前、生徒会長、やっていたよな」って本気で言ったんです（笑）。

過去のことなんて、誰も細かく覚えていないんです。誰も覚えていないことを、何度も思い出して、自分を苦しめるのはやめましょう。

自分を苦しめるより、明るく、楽しく、生きましょう。

こういう考え方が、強運を招くんですよ。

自分のソンになることは、一度でも考えたらダメ

私は中学校しか出ていません。

そのことをソンだと思ったことは、一度もありません。

「早く社会に出たからトクなんだ」って、何かにつけて思っています。

あと、サラリーマンの経験もありません。

「サラリーマンに向かないから、社長向きなんだ」とも思っています。

社長って、「経験業」なんです。

一つひとつ経験して、「こういう場合は、どうしたらいいか」を覚えていくんです。

なかには、「社長業をやってみて、こんなに苦しいとは思わなかった。もう社長辞めて、サラリーマンに戻ろうか」って思う人もいるようですね。

でも、私は、戻れないんです。

サラリーマンの経験がないから、社長業を続けるしかありません。

だから、社長業を続ける条件としては「ものすごくいい条件」を持っていますよね（笑）。

いつも、そう思っています。

自分の心というものを、不利なほうに使うか、有利なほうに使うかで、人生って、ぜんぜん違ってくるんです。

私は、不利なほうには、絶対に使いません。ただの一度だって、自分のソンになることを、考えたらダメなんです。

「それで人生、うまくいくんですか?」って、いくんです。

強運を招くのは「ちっちゃな努力」

私は「強運は考え方しだいだ」と思っています。

だから、お弟子さんたちにも、私が知っている強運になる考え方は、全部伝えています。

強運を運ぶのは、やっぱり笑顔です。

悲しい顔をしている人に、明るい人や、明るい話が、集まるわけありません。

自分の人生を悲劇ととらえて、悲劇のヒロインぶってる人に、明るい話なんて来ないんです。

あと、強運を招くのは「ちっちゃな努力」。

松下幸之助さんが、あそこまで出世したのだって、「ちっちゃな努力」の連続なんです。

よく知らない人は、自転車屋の丁稚《でっち》から、いきなり「世界の松下」と呼ばれるまで、飛び越えたと思っているんです。

でも松下さんは、自転車屋の丁稚のときは、一生懸命、丁稚奉公をしていたんです。

その後、大阪電燈（いまの関西電力）に入ったときも、一生懸命、仕事していたんです。

ソケットをつくり始めたときは、一生懸命、いいソケットをつくろうと努力したんです。

すべて、「ちっちゃな努力」の積み重ねなんです。

「節目」が出てきたら、あきらめずにコンコンたたく

「人生の壁」って、「竹の節目」と同じです。

竹の節目と同じだから、ひとつ節目を突き抜けると、しばらくはスーッと上がるんです。

そうすると、また新しい節目が出てきます。

でも、みんな、途中で節目を抜くのをあきらめちゃうんですね。

「節目がたくさんあって、これ以上は、もういけない」って。

だけど竹って、節目がないと、弱くて、つぶれちゃうんですよ。

私だって、いままで、いくつも節目が出てきたんです。

それを、ひとつずつ、ひとつずつ、抜いていっただけなんです。

よく「斎藤一人さんが、どうやって壁を乗り越えてきたかを教えてほしい」って、言われます。

でも、私に出てきた壁は、話を聞きたがっている人の壁とは、違うんです。

松下幸之助さんが乗り越えた壁も、また違うものなんです。

壁を乗り越えた時代も、そのときの条件も違うんです。だから、乗り越え方は、人それぞれなんです。

ただ、言えることは、どんな人の人生にも、節目（壁）は出てくるっていうこと。

節目が出てきたら、あきらめずにコンコンたたくこと。たたき続けること。

そうすれば、そのうち抜けるんです。

それなのに、コンコンたたく前に、節目を見ただけでひるんじゃう人がいます。
どんなに手ごわい節目だって、一〇〇回もひっぱたきゃ、抜けるんですよ。
私は、それを、昔から知っていたんです。
なんで知っていたかというと、子どものころから、映画ばっかり観ていたんですね。
織田信長の話を観ようが、伊達政宗の話を観ようが、やっていることは同じ。
松下幸之助さんも、本田宗一郎さんも、やってることは同じだとわかりました。
出てきた節目を、コンコンコンコンと、あきらめずにたたいているんです。
コンコンたたいていると、いつか、壁に穴が開くんです。
あきらめずに、たたく。たたき続ける。
それを、たたきもせずに、「他の道はありませんか?」なんて言う人がいます。

他の道なんて、ありません。

強運には タネも仕掛けもあるんです

「商売にコツってありますか?」って聞く人がいる。

商売に、コツなんか、ありません(笑)。

代々続いてきた、歌舞伎《かぶき》の芸みたいなものには、コツがあります。だけど商人には、ほとんどコツなんか、ありません。だから、息子に継がせようとすると、つぶれちゃいます。

日本の商売の中で、唯一、京都には、代々続いてきた老舗《しにせ》があります。それには深い理由があるんです。

京都っていうのは、娘ができると、若手の中で、いちばん働き者の男を婿《むこ》にするんです。

婿に選ばれた男は、もともと働き者の上に、オヤジが目を光らせて見ているし、嫁にも頭が上がらないから、遊ぶことなんかできません。

ますます一生懸命、働くしかありません。

婿は、四方八方をギュウギュウ締め付けられて、必死で働いているうちに、そのうちに自分の娘ができます。

そしたら、こんどは自分が娘の婿を見つける側になるから、獲物を見つけるみたいに、若い連中の中で、いちばんの働き者を狙《ねら》う（笑）。

こうやって、いちばんの働き者が、商売を継ぐようになっているんです。

ところがいま、このしくみが成り立たなくなりました。

なんでかというと、娘が「自由恋愛がしたい」とか言って、ろくでもない男を連れてくるんです（笑）。

そんな男に継がせたって、商売なんて、うまくいくはずがありません。

いちばんの働き者に継がせないと、その家はつぶれます。

だから、商売が代々うまくいっている家には、タネも仕掛けもあるんですよ。

「強運」も同じで、タネも、仕掛けもあるんです。

その秘訣が、「ひとつ上を目指す」ということ。「ひとつ上」をぶち抜くんです。

ひとつ上をぶち抜くことを楽しんでいると、必ず上にあがっていけるんです。

仕事で大事なのは、「やりがい」ではなく「出世」

よく人から「仕事は、やりがいが大事ですか？　出世が大事ですか？」って聞かれます。

ほとんどの人は「やりがいが大事」って思うでしょう。

でも、違うんです。

大事なのは、出世なんです。

なんで出世かというと、たいがいの仕事っていうのは、出世しないと、やりがいがあまりないようにできているからなんです。

皿洗いでも、一生懸命やっていると、「お前、そこの主任になれ」って声がかかったりします。

それで責任を持たされるようになると、楽しい。

ますます一生懸命働いて、出世できるようになっているんです。

だから、「どうしたら出世できるかな」って、ゲームみたいに思うと、働くことが楽しくなります。

パートさんだったら、いちばん明るい声で返事する。

皿洗いだったら、どうしたら早く、皿がきれいに洗えるか、考える。

そうしていると、たいがい出世しちゃうんですね。

「僕は出世なんか関係ない。やりがいです」って言ってる人に限って、仕事の終了時間がくることばっかり考えてたりします（笑）。すぐに帰れるように準備を整えて、「早く終了のチャイムが鳴らないかな」なんて（笑）。

「早く家に帰ることが、やりがいなのか？」って言いたくなりますね。

それって、強運を逃しているんですよ。

だって、傍《はた》から見て、一刻も早く家に帰りたがっているような人に、ものを頼みますか？

人からものを頼まれないような人は、強運じゃありません。

会社のみんなから、ものを頼まれているような人は、強運です。

その人が独立しても、「あの人に頼もう」ってなるんです。

「あいつに頼むと、ろくなことにならない」っていう人に、仕事なんか出すわけありません。

それなのに、困ったときだけ「もっと仕事いただけますか？」って言ったって、無理なんです。

本気でやりがいを持って仕事をしている人は、自然に出世してしまうものなんです。

「正当な努力をして、魅力的な人間になる」という神様との約束

この世の中は「道理」でできています。道理を無視して、成功なんて、しようがありません。道理と強運は違うものじゃないんです。

ビルの上から飛び降りたら、世界中の誰もが下に落ちます。

イエス・キリストだって、ビルから飛び降りたら下に落ちます。

ところが飛行機だけは、飛ぶようにできている。飛ぶようにつくっているんだから、当たり前ですね。

その、当たり前のことなんです。

この世の中は道理でできているんです。

私たちは、神様と、ある約束をしているんです。

「正当な努力をして、魅力的な人間になって神様のもとへ帰る」という約束です。

このことを守っていたら、神は絶対、味方をしてくれます。

ところが、正当な努力もしない。一発、大当たりを狙うようなことを考える。

それって、神を敵にまわしているんですよ。

「強運がほしいんです。競馬、当たらないかな。パチンコ、当たらないですか？」って、楽しんでやるぶんにはいいけど、本気になってギャンブルで金持ちになろうなんて、ふざけたこと言ってるんじゃないよ（笑）。

そういう人は、強運の「キョウ」の字が違うんです。

大凶の「凶」なんだよ。

まさに「キョウ違い」なんですよ（笑）。

「ただいまから、援助に入ります！」。そう言える人に、運は向いてくる

サラリーマンで、「同じお給料だったら、働かないほうがトクだ」って考えてる人がいます。

それって、ものすごくソンな考え方です。

あなたが仕事に行って、せっせ、せっせと自分の仕事を終えて、「私、仕事が終わりました。ただいまから、援助に入ります！　手伝ってほしい方はいませんか？」

って言ってみてください。

かっこいいし、素敵な人だし、女性からもモテます。

そして運も向いてきます。

だらだら仕事をやって、たいした努力もしてない人に限って、「私は努力し

てきました」って言うんです。

本当に顔晴っている人は、成功したときに、「みなさんのおかげです」とか、「運がよかったんです」って言うものなんですよ。

そういう人の言葉だけを聞いて、「やっぱり人生、運なんだな」って、ふざけるなですよね（笑）。

人の生き方を、よく見てみろって。

成功した人が、普段、人にものを頼まれたとき、どんな返事をしているか見ていますか。

仕事を嫌々やってる人って、返事に出るんですよ。

「○○さん、これやって！」って言われたときに、嫌な顔する。「はい！」と気持ちいい返事をしない。

そういう態度をとっていると、「この人に頼みづらいね」って思われるんですよ。

何か頼まれたときに、「はい！」って明るく返事をすると、喜ばれます。

上司に「タバコ買ってきて」って言われたら、「やんなっちゃう」じゃないんですよ。

あなたがタバコを買いに行ってる間も、時給いくらでお給料が発生しているんですよ。

なにも「覚せい剤、買ってこい」って言われたわけじゃないんだから、「はい！」って明るく買いに行けばいいんです。

それをいちいち、嫌な顔する。いちいち、嫌な返事をする。

それでいて、「強運に恵まれたいんです」って言っても、そんな人に取りつくのは貧乏神だけ（笑）。

そんな人には、福の神なんか、つくわけないんです。

ひとつ上、ひとつ上に向かっていると、「加速の法則」が働く

松下幸之助さんって、小学校しか出ていないんです。

斎藤一人さんも、中学しか出ていません（笑）。

だから、人から「すごい努力なさったんでしょ?」って言われるけど、すごい努力なんて、していません。

淡々と、同じことをしてきただけなんです。

これは、誰がやったって、できることなんです。

松下幸之助さんだって、自転車屋さんだったときは、自転車屋さんの努力をしてきたんです。

でも、他の人と違うのは、「ひとつ上を目指す努力」をしていた、というこ

と。

現状のまま終わっちゃう人は、いくらでもいるんです。

でも松下さんは、手を伸ばすと届く場所があって、そこに向けて努力していったんです。

大切なのは、あくまで「ひとつ上」を目指すということ。

いまの自分には手の届かない「ふたつ上」に向かった人は、途中で落っこっちゃうんです。

「ひとつ上」に向かって努力する。

ひとつ上、ひとつ上っていう進み方だと、歩みは少ないように見えるけど、心配いりません。

「加速の法則」っていうのが働くんです。

その人を上にグンと早く押し上げようとする、加速する力が働くんです。

たとえば、「僕はフランス料理店を持ちたいんです」って言う若者がいるとしますよね。

その若者は、一生懸命、料理の腕を磨いて、お休みの日は、いろんなお店を見て勉強する。

貯金できるのは、月一万円だけだとします。これでは、一年で、一二万円しか貯まらない。十年やっても、一二〇万円ですよね。

一二〇万円だったら、自分のお店をつくるときの権利金にもならない。

そうすると、お店を持つまでに、百年ぐらいかかっちゃう計算になるんです。

ところが、現実はそうじゃないんです。

一生懸命やっていれば、「この人、顔晴ってるからお給料上げてあげよう」と、だんだん給料が上がっていくこともある。

そうすると、二万円貯金できる月もあれば、三万円貯金できる月も出てくる。

それから、「君、見込みがあるから、スポンサーになってあげるよ」っていう人が出てくることもある。

その若者は、想像以上に早く、フランス料理のお店を持てたりする。

これが「加速の法則」です。

でも、それは、見ている人の心を打つほど、若者が一生懸命だったからなんです。

毎日の仕事を、見ている人が感銘を受けるほど一生懸命やっていると、「加速の法則」が働くんです。

シゲ（お弟子さんの永松茂久さん）も、地元の大分県中津市で、一生懸命、居酒屋をやっていたんです。

そしたら知り合いの本屋の社長や、米屋の社長が、シゲの働き方に感動して、「一人さんに会ってみな」って、私を紹介してくれたんです。

私も、シゲの顔を見たら、一生懸命やっているのがわかるから、応援してやろうっていう気になったんです。

でも、それって、ただ単に運じゃないんです。

シゲがもともとやってきたことがあるからこそ、なんですよ。

もともとの努力もしないで、強運に恵まれたいなんて、無理なんですよ。

基礎もないのに、ビル建てたいっていうのと、同じことなんです。

ずっと運がいいのが、「強運」なんです

うちの社長（弟子）たちって、昨年よりも、今年のほうが、みんな実績が伸びているんです。

こういうのを、強運っていうんですよね。

強運っていうのは、運がいいのが、ずっと続くんです。

「バブルの時代は、よかったんですけどね……」とか、「リーマンショック以来、ダメなんです」とか、そういうのは強運でもなんでもないよ。

だって、そのときはよかったけど、いまはダメだってことなんですから。

「ある一時《いっとき》だけ、運がよかった」ってことですよね。

本当に強運の人は、ずっと運がいいんです。

私は、仕事をしてから、ずっと上り調子です。

松下幸之助さんも、ずっと上り調子でした。

松下幸之助さんは、小学校しか出ていないのに、仕事で成功して、最後は博士号をもらったりしていました。

でも、たいがい、そういう賞とかもらうと、いい気になる人がいる。そうすると、運気の流れから落っこっちゃうんですよ。

でも、松下幸之助さんは、それを知っていたんです。

松下さんは、強運だから、絶対に落ちっこない。

商人として、何が大切かっていうのをわかっていたし、いい気になることが運気を下げることもわかっていたんです。

その姿勢を最後まで貫いたんですね。

強運には、「定理」がある。「定理違反」をしたらダメなんです

私は、「目の前の人が、私と会って、幸せになってくれたらいいな」って、いつも思っているんです。

あと、本を出すときは、「お客さんが、この本を買ってよかったと思ってくれたらいいな」って考えて書いているんです。

これが強運の「定理」なんです。

うまくいかない人っていうのは、本の中ではいいこと言ったり、いい格好したりします。

ところが飲みに行ったりしたときに、みんなの前で、つい威張《いば》る。

威張っちゃったら、ダメなんですよ。

強運の「定理違反」なんですよ。

私はよく、「天国言葉を話しなよ」って言います。

「天国言葉」とは、

「愛してます」

「ツイてる」

「嬉しい」

「楽しい」

「感謝してます」

「幸せ」

「ありがとう」

「許します」

など、人に言っても、聞いても、楽しくなる言葉のことです。

どんな人と話すときでも、天国言葉だけ話していればいいんです。

それを、人によって変えようとしたらダメなんです。

ある人の前では、天国言葉を言ってみたり、ある人の前では地獄言葉を言ってみたりします。

地獄言葉とは、「恐れている」「ツイてない」「不平・不満」「愚痴《ぐち》・泣きごと」「悪口・文句」「心配事」「許せない」。

そういうことを言ったり、していると、運気が悪くなるんです。

もし「日本一になろう！」とか、「上へ、上へと、進み続けよう！」と思ったら、そういうへんなことしちゃいけません。

どんな人の前でも、同じ姿勢を貫くんです。

人に会ったら、「この人に自分のできることは、なんだろう」と考える

自分にできる「いいこと」を、黙々と、やり続けていればいいんです。

目の前の人に、「この人に自分のできることは、なんだろう」って、いつも考えるんです。

「それって、大変でしょ?」って聞かれるけれど、目の前の人が幸せになれば、それでいいんです。

私は、誰かと出会う以上は、何かご縁があると思っています。神様が、私と出会わせるようにしているんです。

だから、「この人に自分のできることは、なんだろう」って考えて、それがわかったら、それをするんです。

どう考えても、「私にできることはないな」と思ったら、黙って話を聞いていればいいんです。

ときどき、「どうして、ここまでしてくれるんですか?」って聞かれることがあります。

でも、その人だけにやってるんじゃないんですよ。特定の人だけに、やっていることでもない。会う人、みんなにやっているんです。

だから、私に親切にされた人は、なんの心配もせずに受けていいんです(笑)。

人に会ったら、「この人に自分のできることは、なんだろう」って考える。人生、そういうふうに決めているんです。

私はずっとそうやって、生きてきたんです。

もし、私が会社員だとしても、会社に行ったら一生懸命働くし、誰か人が困っていたら、「ちょっと手伝ってあげようか」って言うと思います。

いま私は社長業をしているんだけど、それでも時間が空いているときは、弟子の仕事を手伝っているんです。

「恵美子さん（お弟子さんの柴村恵美子さん）、これやろうか？」「はなちゃん（お弟子さんの舛岡はなゑさん）、これやろうか？」って。

自分の弟子以外でも、「この人の役に立つことって、なんだろう」って、一生懸命考えています。

これが「強運」につながるんです。

人のために一生懸命したことが、自分のためになる

よく、「お金がないから仕事がうまくいかない」と言う人がいるけど、お金がないから、仕事がうまくいかないんじゃないんだよね。アイデア（智恵）がないから、うまくいかないんです。

だから、そういう人に会ったら、お金を貸すのではなくて、「どうしたらいい智恵が出て、仕事がうまくいくようになるか」っていう話を一生懸命にします。

私の知っていることを、一生懸命、教えるんです。

そうすると、なかには「ものわかりの悪い人」っていうのが、いるんですね。

飲みこみの悪い人です。

もし、そういう人が出てきたら、できるだけわかりやすく、一生懸命説明します。

一生懸命、わかりやすく教えていると、相手はわからなかったとしても、自分はさらにわかるようになります。

だから、人のためにした話が、自分のためになるんです。

本当に「強運」の人って、人のために話しても、それがさらに自分のためになっちゃうんですよ。

私は昔から、誰かに会うと、相手のためになることを、一生懸命話してきたんです。

そしたら、私の話を聞きたいっていう人がたくさん出てきました。

それで、その話を本にしたいっていう人が出てきて、本にもなったんです。

でも、これはすべて、「目の前の人のためになることを、やってきたこと」の結果なんです。

強運な人って、「何をやっても成功する」って言われるけど、よく見てください。

人のためになることを考えてるんですよ。

人のためになることをしていたら、世間が放っておかないんです。

自分のしたいことだけやりながら、「強運になりたい」って言っても、世間がみんな横向いちゃうんですよ。

自分ひとりでできることなんて、たかが知れているんです。

二十一世紀は「たましいの時代」

バブルの時代は、お金があれば土地が買えました。ただ買っただけで、何もしなくても、その土地がどんどん値上がりしました。

でも二十一世紀になったら、そうはいきません。

二十一世紀は、「たましいの時代」です。

土地を買っておいたら、どんどん値上がりするような時代は終わったんです。

昔は、土地を買えば、なんにもしなくても、値段が上がりました。

いまは土地を買っても、値段が上がるところと、下がるところがあるんです。

「この土地を買った人は儲かるけど、あの土地を買った人はソンする」

そういう時代になったんです。

これからは、商売でも、本を書くことでも、ちゃんと顔晴ったぶんしか評価されません。

正当な努力が、正当に評価される。

そういう点では、「最高の時代」が来たんです。

もし、いま書いているこの本が、ろくでもない本だったら、売れないでしょう。

でも、それで、いいんです。ろくでもない本が、売れちゃいけないんです。

二十一世紀は「夜明けの時代」。

二十世紀は、アメリカの時代でした。なんでもアメリカがやることが、うまくいったんです。

アメリカの国旗には、星が出ています。

あれは、「夜」を意味しているんです。

日本の国旗には、お日様が出ています。

そういう意味で、これからは、夜明けの時代。日本の時代なんです。

そういうふうに思える人が強運なんです。

仕事に、いいも悪いもない。仕事は全部、「いい仕事」

よく口グセのように、「なんか、いい仕事ありませんか?」って言っている人がいます。

世の中に、いい仕事も、悪い仕事も、ないんです。

いい仕事にするか、悪い仕事にするかは、本人しだいなんです。

八百屋さんで、八百屋の仕事を頑晴って、ビルを建てる人もいます。

八百屋さんで、商売つぶして、借金だらけになる人もいます。

だから、いい仕事も、悪い仕事も、ないんです。

仕事は全部、「いい仕事」。その人しだいです。

それから、仕事を一生懸命やっていても、うまくいく人と、うまくいかない人がいます。

うまくいかない人は、

「あなたのやり方は、間違っているんですよ」

って、神様が教えてくれているんです。

だから、当たるやり方に変えればいいだけなんです。

「当たるやり方って、なんですか？」っていうと、まず自分が当たると思ったことをやるんです。

それで当たらなかったら、ただちに改良するんです。とにかく当たるまで、改良すればいいだけなんです。

仕事に、はずれなんか、ありません。

「いまのやり方は、間違いですよ」と教えてもらっているだけなんです。

それでも当たらないのは、自分が素直じゃないいんです。

たとえば、焼き鳥屋さんをやっているとします。

お店に、お客さんが、あんまり来ないとします。

店主は、「何がいけないのかな?」と考えます。

その店で焼き鳥を食べていく人もいるところを見ると、焼き鳥の味自体は、食えないような味じゃないってことは、わかりました。

そうすると、店主はたいがい、「うちの店、古くて汚いからダメなのかな。店内改装しなきゃいけないいな」って思うんです。

でも、違うんですよ。

お店が古いのが問題じゃないいんです。

お客さんが来ないのは、「店主に魅力がないから」なんです。

だって、店主がヨンさまだったら、絶対に客が押し寄せます（笑）。

店主はヨンさまにはなれないけれど、ヨンさまみたいにいつも笑顔でいることはできるはずですよね。

毎日、最高の笑顔で、お客さんに接していますか？

笑顔ってね、神様が人間だけに与えてくれた宝物なんですよ。他の動物は、マネできないんだよ。

それなのに、笑顔じゃないって、ものすごいソンなんですよ。

それから、「おやじさん」とか「マスター」って呼ばれる立場らしく、ちゃんと人を導くようなこと、言っていますか？　悩んでいるお客さんがいたら、悩みの答えぐらい、出していますか？

まずは自分が、魅力的な人間になる。

笑顔をつくることも、悩み相談にのることも、お金を一銭もかけずにできることです。

自分を変えられない人が、店だけリフォームしようとするなんて、とんでもないことなんですよ。

自分を変えて、魅力的な人間になったら、焼き鳥の味なんて、すぐ変えられるんですよ。

それを、断固として、自分を変えようとしない。

そういう人に限って、「うちの店が儲からないのは、運がないからだ」なんて言いだすんですよ。

「世の中が悪い」とか、「あの人が悪い」とか。

愚痴を言う前に、顔についてる筋肉をめいっぱい使って、いい笑顔でいてみたらどうですか？

聞いていて気分が明るくなるような、いい言葉しゃべってみたらどうですか？

「あそこのマスター、すっごく素敵なのよ。笑顔がいいし、いいお話してくれるの」って、お客さんが噂《うわさ》するようになりますよ。

そしたら、おもしろいように、どんどん、お客さんが来るようになるんです。

そのくらい自分を変えられたら、ちょっと焼き鳥の味を変えてみたり、ちょっと店内をきれいにしただけで、わっと客が増えるんです。

お金を使わずに、ただで変えられる自分を、まず変える。

お金を使って改装することなんか、最初は考えなくていいんです。

自分を変えないで、金ばっかり出そうとする人こそ、「凶運」ですよ（笑）。

「強運」の人は、自分を変えることを怖がらない

「凶運」の持ち主って、自分を変えることを嫌がります。

「強運」の人は、自分を変えることを、怖がりません。

「強運」の人は、自分がもっとよくなることは、喜んでやります。

松下幸之助さんは、字がヘタだったから、書類を書くのが、とっても嫌だったそうです。「書類を書きたくないから、主任になりたくない」って言ったぐらい嫌だったそうです。

でも、松下さんは、字が少しでもきれいに書けるようにって、少しずつ、少しずつ練習しました。

最後には色紙かなんかに、みごとな字を書いているんですよ。

松下さんは、黙々と階段を昇っていったんですね。

ひとつ上、ひとつ上の努力を続けたんです。死ぬまで、「ひとつ上」の努力を続けたんです。

こういう人が、「大強運」なんです。

「大強運」とは、手の届くところ、足の届くところに、一歩ずつ上がり続けていくことなんです。

人生って、上がりだすと、けっこう上がれるものです。

足を一歩ずつ出していると、富士山にだって上がれちゃうんです。

黙々と足を出していれば、女の人だって、富士山に登れちゃうんです。
ただね、自分はもうこのぐらい登ったんだから、もういいんだっていう考え方もある。
それは、それでいいんですよ。それぞれの人生だからね。
ただ、いくらでも登れるよ。
それだけは言っておきます。

焼き鳥屋さんも、お客さんの誕生日を祝っていい

たとえば、あなたが、焼き鳥屋さんだとします。
成功したいなら、まず最高の笑顔をつくる。
次は、いい言葉を話す。
悩んでいる人がいたら、その人の話を聞いてあげる。

お客さんが誕生日だったら、「おめでとう」って言ってあげる。お金を使わなくても、やれることって、いくつもあるんです。

シゲ（永松茂久さん）のところは、居酒屋をやっています。シゲの店では、お客さんの誕生日のお祝いをしています。誕生日のお客さんにケーキをプレゼントして、記念写真を撮ってあげるんです。ウサギの着ぐるみをかぶったスタッフが出てきて、盛り上げたりもします。

それを見て、「シゲちゃんのところでは、誕生日のお祝いをやってるけど、あれは居酒屋だからできるんだよね。うちは焼き鳥屋だから、できない」って言う人がいるそうです。

でも、「焼き鳥屋さんだから、お客さんの誕生日のお祝いをやっちゃいけない」なんて、法律ありますか？

そういう人は、ちょっと条件が違うだけで、「オレはできない」って言うんです。

できないんじゃなくて、やる気がないんです。

そういう人って、やらなくてすむことばかり、探してるんですよ。

「必死」っていう言葉があるけれど、これは「必ず死ぬ」って書くよね。

死ぬ気でやるってことなの。

もし、あなたが焼き鳥屋の店主だとして、「これから三日以内に、お客さんの誕生日のお祝いをやってあげないと、銃殺に決定します」って言われたら、どうしますか？

急いで準備して、めいっぱいニコニコしながら、やりますよね。

それだけのことなんですよ。

「本当に、仕事に必死になっていますか？」ってことだけなんですよ。

仕事って、命がけなんですよ。

命がけって言っても、あなたの命だけじゃないですよ。

女房とか、子どもとか、その会社で働いている人の家族やペット。

その幸せまで、全部、引き受けるんですよ。大変な覚悟ですよ。

だけど神様が、「これだけのものを引き受けなさい」って機会をくれたってことは、その人にできるってことなんです。

松下幸之助さんみたいに、「うちは貧乏だった」「私は体が弱かった」「小学校しか行かなかった」っていうのは、「ハンデ」っていうんです。

ハンデを神様がくれるっていうのは、その人に、相当実力があるからなんです。

そういうふうに思える人が強運なんです。

会社のスペースが小さくたって、成功することはできる

「まるかん」は、会社のスペースは小さいけれど、私は、そこが好きなんです。このスペースで日本一になれたら嬉しいと思って仕事をしてきました。

でも、大きいビルを建てて、大きい会社をつくることが好きな人もいます。

そう思っている人は、大きい会社をつくればいいんです。

だけど、私には、そんなに大規模な会社の経営は向いていません。

私は自分に合った規模の会社で楽しく仕事をしたいんです。

日本一になりたいけれど、少人数でやりたい

私が会社をつくるときに、いちばん最初に考えたことは、

「日本一の会社になりたいけれど、少人数でやりたい」

ということです。

あと、「自分が会社にいなくても、まかせられるしっかりした人材をつくりたい」。

そう言ったら、「そんなこと、不可能です！」って、いろいろな人に言われました。

でも、いま、私はそれが可能になっています。

「不可能です！」って言う前に、それが可能になる方法を、真剣に考えてみればいいんです。

私も真剣に考えたので、いい方法が見つかったんです。

まず、「働き者」を雇うこと。

うちの会社の人たち、みんな働き者です。私が見張っていなくても、一生懸命働きます。見張っていないと働かないような人を雇うから、困るんです（笑）。

あと、「性格のいい人」を雇うこと。

うちの会社で、「社長が毎日、会社に来ないで頭にくる」って言う人、ひとりもいません（笑）。

「私たちが会社を守っていますから、社長はどうぞ、安心して旅にでも行ってください」って、みんな言ってくれるんです。

これが、うちの会社の人たちのプライドなんです。

「働き者」と「性格がいい人」が集まれば、社長がいなくても、なんの問題も起きません。

働かないアリは「なまけアリ」。「働きアリ」じゃありません

最近、「働きアリ」の何割かは働いていないってことがわかったそうです。

それ、「働きアリ」じゃないよね。「なまけアリ」だよね（笑）。

働かないアリに「働きアリ」って、名前をつけてあげることがおかしいんです。「働きアリ」って名前がついたからには、働くしかありません。

人間でも、働きに来ているのに、働かない人がいます。

そんなのは、とんでもないことなんですよ。

商人だったら、毎日毎日、一生懸命、働くんです。それでしっかりお金を稼いで、しっかり税金を払うんです。

よく人から、「一人さん、もう一生、食べていけるだけのお金あるでしょ」って言われます。

一生食べていけるだけのお金、ありますよ。

でも、働くんです。だって、仕事がおもしろくてしょうがないから。

だから私は、働いて、働いて、一生、働き続けるの。

本当に「強運」って、そういう人に、来るんですよ。

最大の敵が出てきたら、自分も同じことをやる

本当に強運な人は、「ひとつ上」にあがる努力をする人です。

手が届くところに上がるんです。

足が届くところに上がるんです。

神様が、次に上がるところの手がかりをくれないなんてこと、ありません。

もしくれなかったとしたら、本人の勉強不足なんです。

いま不況で、物の値段が、どんどん安くなっています。

物を売っている人たちが、

「中国から、こんなに安いものがどんどん入ってきたら、私たちつぶれちゃいます」って言っています。

「もう打つ手は見つからない」って言う人もいます。

打つ手は、あります。

「もっと企業の勉強してごらん」と言いたいです。

企業の勉強をしていると、ひとつの決まりがあるんです。

「最大の敵が出てきたときは、自分も同じことをやる」

っていう決まりです。

質屋の最大の敵は、質屋じゃありません。

サラ金なんです。

そしたら、自分も許可をとって、サラ金をやればいいんです。

自分がもともとやってた仕事を続けながら、敵と同じ仕事も始めればいいんです。

スーパーの最大の敵は、外食産業なんです。

そしたら、スーパーを続けながら、外食産業も始めればいいんです。

そうして自分のところのスーパーの野菜でも、肉でも、外食産業部門に流せばいいんです。

企業でいうと、単品経営は、やったほうがソンなんです。

「吉野家」があんなにダメージを受けたのは、牛丼しかやっていなかったから。

牛肉がたたかれたら壊滅的な打撃を受けてしまうんです。

「味の素」はそのことを知っていたから、冷凍食品をつくったり、マヨネーズをつくったりして、命がけで会社を保持してきました。

最大の敵が出てきたら、命がけで、次のことを考える。

それが、社員を守るということなんです。

命がけで考えたら、必ず、次に何をすればいいのかわかります。

それなのに、ちょっと壁にぶつかると「もう何も見えません」って弱音を吐く人がいます。

勉強不足なんですよ。

いまは、本のひとつも読まないで、乗り越えられるような時代じゃありません。

「手がかりないです」「足がかりないです」って、勉強してないだけなんですよ。

企業のトップに立つ人は、常に、下についてくる人のことを考えなきゃいけません。

私はお弟子さんたちに、「司馬遼太郎さんの『坂の上の雲』を読みな」って言っています。

それは乃木希典《まれすけ》さんの後についていった部下が、どんな悲惨なことになったかを考えてほしいからなんです。

だらしがない隊長についていくと、下の人がどれほど苦労するか。

それを知ってほしいんです。

「オレ、社長だから」って、ゴルフやってるヒマがあったら、本のひとつも読むんです。

いつも下の人の幸せを、考えるんです。

うちの会社の人たちは、この不況なのに、全員安心しています。

「一人さんについていけば、絶対大丈夫だ」って、信じているんです。

だから、私も、一生懸命やるんです。当たり前の話ですよ。

経営者とは、そういうものなんです。

どんな状況になっても、苦労話なんかしないんです。

いつも、すずしい顔してるんです。

「このくらい、なんでもないですよ」って言うんです。

それがかっこいい経営者なんです。

ちょっと大変だからって、苦労話をだらだらするなんて、みっともないですよ（笑）。

最初は「欲」でいいんです

この世の中で、いちばん大切なことは、女はきれいになる。

男は、きれいな女を連れて歩く。

これ以上、いいことって、ないんです（笑）。

これを「神的経営《かみてき》」って私は言っています。

「神的経営」とは、立派なことを言うことじゃありません。神が人間につけてくれた「欲」を大切にして生きるということです。

ここに、お店が一軒あるとします。

このお店が、「人々の役に立つお店」だったら、絶対に繁盛《はんじよう》します。

でも、店主の最初の目的は、違っていました。

「このお店でお金儲けて、外車でも買って、隣にいい女乗せて走るんだ」って考えていたとします。

それで、いいんです。

金儲けしたくて商売を始めたとしても、とりあえず、お客さんに来てもらわなきゃいけない。

だって、お客さんが来ないと、お金は入ってきませんからね。

お客さんが最初に一回来たら、そのお客さんに二回目も来てもらいたい。

次は、ちょくちょく来てもらいたい。ずっと来てもらいたい。

ずっと来てもらうためには、人々のお役に立つ店にしなきゃならない。

そう思ったとき、店主は「どうしたらお役に立てるかな」って真剣に考えだすんです。

だから、最初は「欲」でいいんです。

しっかり金儲けを考えることは大事なことなんです。

それができないと、家賃も払えません。社員の給料も払えません。税金も払えません。

この店主の気持ちをビルにたとえると、一階の入り口は「欲」。

その上の上にある、四階ぐらいが「人々のお役に立ちたい」っていう気持ち。

でも、いきなりその四階にあることから、話しだす人がいます。

「人々のお役に立つために、この商売、始めました」って。

四階から建つビルって、あるんでしょうか？

あのとんがったスカイツリーだって、必ず下に基礎があるんですよ。

基礎って、欲のことです。

最初は神がつけてくれた欲から始まるんですよ。

その欲から始まって、一生懸命やっていると、「欲ばっか出してても、うまくいかないな」ってことがわかってくるんです。

欲をちゃんと出しながら、「これじゃダメだ」「ここを、こうしよう」って成長していくのが正しいんです。

立派なことだけ言ってる人って、意外となんにもできない人が多いんですよ。

立派なこと言うばかりじゃ、成り立たないんですよ。

最初は欲で始めても、そのうち、名誉がほしくなると、立派なことを言うようになります。

それで、いいんです。

それこそが「神的経営」です。

世間が言っていることは「道徳的経営」なんです。

神がつけてくれた、自分の欲を大切にしましょう。

神がつけてくれたものに、ひとつも無駄はありません。

女は、きれいになりたい。男は、きれいな女が好き

女性は、きれいになることが大事です。

自分で一生懸命働いて、お金が入ってきたら、それで、ますますきれいになれます。

男は、きれいな女性を連れて歩くことが大事です（笑）。

きれいな女の人って、ひくてあまたなんですよ。

その、ひくてあまたのいい女がついてくるほど、いい男になるんです。

これは相当顔晴んなきゃいけません。

女は、きれいになりたい。

男は、きれいな女が好き。

これは神がつけてくれた「欲」なんですよ。

それを、ごちゃごちゃ言っちゃいけないの（笑）。

女の人ってね、五十歳の人も、本当は三十歳に見られたいんです。

あわよくば二十代で通したいと思っているんです（笑）。

その本音を「五十歳には、五十歳の魅力がある」「四十歳には、四十歳の魅力がある」なんて言って、隠してる。

それって、合っているように見えるけど、本当はウソです。

女性は、できるだけ若く見られたいものなんです。

男性も、若くてきれいな女性が好きなんです。

だって、男の人がキャバクラに行ったとき、「老《ふ》けて見える人、出してください」って言ったことありますか？

言わないでしょ？

女の人は幸せだと、どんどん若くきれいになっていきます。

女の人が、男と付き合ったときに、どんどんきれいになって、若くなっていったら、その男は相当いい男です。

その男が、表でどんなに立派なこと言っても、嫁さんが不幸そうで老けていったら、たいした男じゃありません（笑）。

この世の中、単純なんです。

とにかく女は、若く、きれいになることです。

とにかく男は、いい女を連れて歩くことです。いい女が惚《ほ》れちゃうような男になるんですよ。

どんな女性も、いい男が好きなんですよ。しょっちゅう「どっかにいい男いないかな？」って言っているんですから。

最近、彼女が一人もいない男が多いそうですね。

これ、おかしな話ですよ。

地球の人間の半分は女なんですよ。

それなのに、一人も彼女がいないのは、男を磨く努力をしていないからです。

女性に惚れられるような、いい男にならなきゃいけません。

修道院ってありますよね。

あれは「キリストの妻になる」っていう意味なんです。修道女は、結婚しないで、キリストに一生をささげるんです。

でも、よく考えてみてください。

キリストって、二千年前に、死んだんだよね。

二千年も前に死んだキリストに、あんなにたくさんの女性が一生をささげる覚悟をしているんです。

これって、いま生きている男にとっては、大問題ですよ。

二千年も前の男に、あんなにたくさんの女性をとられちゃダメ（大笑）。

いい男になって、取り戻さなきゃいけません（笑）。

神がつけてくれたものに間違いはない

よく人から「一人さん、政治家にならないんですか？」って聞かれます。

私は、いま政治家になる気はありません。

昔は、天下を取ると、大奥があって、きれいな女の人が三〇〇〇人もいたんです。

私だって、美女三〇〇〇人をくれるっていうなら、総理大臣でも、なんでもやります（笑）。

でも、いまは総理大臣になったって、愛人一人つくると、辞めさせられる時代です。

それなのに、誰がなりますか（笑）？

もちろん人に言うときは、「みなさん、立派に務めてらっしゃいますから。私の出る幕じゃございません」って断ります。

なにも敵つくらなくてもいいからね。

でも私の本音は、そんなところなんです（笑）。

女の人の場合は、「あんたに総理大臣まかせるけど、新しい洋服買ったらいけません」って言われたら、総理大臣になりますか？

なりませんよね。

ごほうびももらえなくて、ただ働けって言われても、誰もやる気が起こりません。そういう働き方は「神的」じゃないんです。

いまろくな政治家がいないって言うけれど、ごほうびもあげないで、ろくな政治家が出てくるわけないんです。

明治、大正のころは、立派な政治家も多かったけど、あの人たちにはちゃんと愛人が何人もいたんですよ(笑)。

なんにもごほうびあげないで、ただ顔晴れって、食事しないで働かせるのと同じです。

「欲」って、生きていく上で大事なんですよ。

男の色情は、女に向くんです。

女の色情は、洋服とか宝石に向くんです。

それを無視して生きろっていうほうが、無茶な話なんです。

それは「神的」とは言わないんです。

世間が言っている「神的」とは、ちょっと違うんですよ。

宗教家とかは、「あなたの悪いクセを直しなさい」って言いますよね。

「悪いクセ」って、「お金を儲けたい」って気持ちだったり、男だったら「きれいな女性を連れて歩きたい」って気持ちだったり、女性だったら「洋服や宝石がほしい」って気持ちだったり。

そういうのを宗教家は「悪いクセ」だって言います。

それって、本当に「悪いクセ」でしょうか？

神に、いちゃもんつけているのと同じではないですか？

神がつけてくれたものに、間違いはありません。

みんな、お金が好きなんです。

小学生からお年寄りまで、お小遣いもらうと、喜びます。お給料もらうと、喜びます。給料が上がったら、喜びます。

人の心は、お金をもらったら、喜ぶようになっているんです。

それを、「欲を捨てなさい」って言うのって、それこそが欲ですよ。

宗教家は「お金は捨てなさい」って言って、その捨てさせたお金、どうするのでしょう？

自分のとこに、持ってきなさいってことでしょう？

「捨てなさい」って言っている本人が、お金がほしいってことですよね。

「捨てなきゃいけない欲」っていうのはね、人を殺して金を盗《と》るとか、働きもしないで金をほしがるような気持ちのこと。

正当な努力をして、お金持ちになることは、悪いことじゃありません。

生きていく上で、持ってなきゃいけない欲なんです。

「人生、金じゃない」って言う人がいます。

もちろん、人生、お金だけじゃありません。他にも大切なことが、山ほどあります。

でも、いまの世の中お金がなかったら、生きていけません。

それに、もしこの世にお金がなかったら、物々交換になっちゃうんですよ。

給料日にキャベツ一〇〇〇個とか、もらうことになるんですよ。

エライことになっちゃいます。

そのことを考えたとき、お金のありがたみがわかります。

お金から愛される人間になりましょう。

人からも愛される人間になりましょう。

世間からも愛される人間になりましょう。

愛されるには、「愛される行為」が必要なんですよ。愛される生き方をするんです。

なかには、「金さえあれば、なんでもいいんだ」って言う人もいます。

それ、むちゃくちゃな生き方です。そういう人間の人生って、苦しい。

ケチな人って、家族からも嫌われます。

誰からも、愛されません。ケチな人からも嫌われます。

誰からも愛されない生き方して、「孤独でもお金があればいいんだ」って、

素敵じゃないですよ。

素敵に生きましょうよ。

お金からも、人からも、愛される人生を送りましょうよ。

「加速の法則」で、だんだんラクになる。ラクにならないのは、どこか間違えてる

「強運」と、ただの「運」の違いって、わかりますか？

ただの運なら、どんな人でも、たまに来ることがあります。

でも「強運」っていうのは、落ちるときがないんです。

この本の話は、強運の話なんです。

えらくなった人は、みんな、「ひとつ上、ひとつ上」の努力をしてきた人です。

他の方法なんて、ありません。

ただ、「ひとつ上、ひとつ上」ってやっていると、「加速の法則」っていうのが働くんです。

だんだん上がるのが、速くなるんです。

当人は、あくまで「ひとつ上」を目指しているんです。

だけど、この「ひとつ上」が、「一〇個上」に匹敵したり、「一〇〇個上」に匹敵したりするようになるんです。

だんだん上がる幅が大きくなってきちゃうんですね。

私の例で言いましょう。

たとえば、この「強運の話」も、昔から同じことをしゃべっているんです。

昔は「十夢想家《とむそうや》」っていう喫茶店（弟子のはなゑさんがやっていた喫茶店）で、お弟子さんにしゃべっていました。

当時は、喫茶店の中にいる、数人に向けてしゃべっていたんです。

ところがいま、まったく同じ話をしているけれど、この話は本になって、本屋さんに並んで、何万人っていう人が知るようになるんです。

私にとっては、

「目の前の人に、知っていることを一生懸命話す」

という同じ努力なんですよ。

だけど昔といまでは、聞く人の数がぜんぜん違います。

これが「加速の法則」なんです。

もし、一生懸命やっていても、「加速の法則」が働かないとしたら、自分のどこかが間違っているんです。

「加速の法則」どおりにいくと、世の中、だんだんラクになります。

それが、だんだん苦しくなってきたら、どこかに間違いがあるってことですよ。

神様からの、「あなたのやってることは、間違っていますよ」というお知らせです。

その間違いのたいがいは「神の摂理《せつり》」を無視しているはずです。

立派なことだけ言って、基礎を忘れちゃっていませんか?

男なのに、「女にモテたい!」っていう気持ちを忘れていませんか?

女なのに、「きれいになりたい」っていう気持ちを忘れちゃっていませんか?

「ひとつ上、ひとつ上」ってあがろうとしないで、いっぺんに上を狙ったり、足を二つ上に出そうとしたりしていませんか？

うまくいかなくなったら、「自分は何か間違っているんじゃないか」って見直してみてください。

正当なる努力は、楽しい

「私の人生、苦労の連続でした」って言う人がいます。

そういう人って、いつも、「この苦労を乗り越えたら、いいことがあるんじゃないか」って思っています。

でも、苦労するってこと自体、間違っているんですよ。

努力することがいらないって言ってるんじゃないんです。

正しい努力は、楽しいんです。

正当なる努力は、やってて自分も楽しいし、世間も認めてくれます。

世間も認めてくれない、何もかもうまくいかない、そんな苦しい努力だとしたら、間違っているんです。

神様が「いまやっていることは、やめなさい」って言ってるってことなんです。

神様からのお知らせなんですよ。

「1＋1＝3」と書いていたら、「それ、間違っていますよ」って天からお知らせが来るんです。

でも、そのお知らせに気がつかずに、ずーっと「1＋1＝3」と書き続けるとします。

そうすると、なんらかの方法で注意されます。

それでも直さなきゃ、怒られます。

それでも直さなきゃ、その次はもっと怒られるでしょう。

だんだん、忠告が、ひどくなるんです。

そういうときは、前と違う答えを出してみるんです。

「1+1=4」にしてもいい。

「1+1=5」にしてもいい。

そうやって前と違うものを出していくうちに、「あれ？　これ、数字を戻して2にしてみようか」って気づく。

それで正解に気づくんです。

正解がわかって、やってることがぴたっとはまるようになると、人も認めてくれるし、世間も認めてくれます。

だから私は苦しくなったときは、「この苦しみを乗り越えたらうまくいく」なんて言いません。

「オレはどっか間違えてるところがあるんじゃないか？」って立ち止まって、見直すんです。

そうすると、必ずあるんです、間違いが。

その間違いを直せばいいんです。

「苦しくても、我慢して乗り越えました」って言う人がいます。

でも、そういう人は、苦しいことを、ずっと続けてきたんじゃありません。

本当は、途中でどこか、やり方を変えたんです。

いろいろやってみて、いいことに到達して、それを続けて成功したんです。

必ず途中で、改良しているんです。

いちばんいけないのは、間違った答えをそのまま変えないことです。

間違ったことを変えないで、ガンコに通そうとすると、天からの忠告が山のように押し寄せます。

自分の考えは、すべて正しいと思ったらダメです。

百発百中で当たることは、まずありえません。

「どうやら間違っているな」って気づいたら、すぐ改良するんですよ。

強運な人は、眠れないことも利用する

松下幸之助さんって、夜、なかなか眠れなかったそうです。

眠れないときは、その時間を利用して、ずーっと仕事のことを考えていたそうです。

眠れないからって、ノイローゼになっちゃう人と、億万長者になっちゃう人がいるんですね。

どうせ眠れないんだったら、「どうしたら、もっと仕事がうまくいくだろう」って、考えてればいいんです。

眠れないことを利用するんですよ。

神様からどんな人も平等に、ひとつの体と、一日二十四時間という時間を、与えられています。

それなのに、こんなに差がついちゃうのって、どうしてだと思いますか？

毎日、少しずつ、違うことをしているんですよね。

毎日、少しずつでも本を読んで勉強している人と、ムダに過ごしている人。

自分のことを「小学校しか出てないから、ダメだ」って思う人と、「小学校しか出ていないから、学ばなきゃいけないんだ」って思う人。

人生、ぜんぜん、違ってくるんですよ。

微差《びさ》が、大差に、なってくるんですよ。

なんにもしてない人ほど、「そんなに努力するの、大変でしょ?」って言うんです。

大変じゃないんですよ。ちょっとずつ、何かすればいいだけのことなんですよ。

私は仕事のことを考えるのが、大好きなんです。

だから温泉に行っても、仕事のことを考えています。

本当に、仕事が大好きなんです。

きっと松下幸之助さんも、旅行したり、温泉に行ったりしても、仕事のことを考えてたと思いますよ。

仕事のことを考えるのが、楽しいんです。

同じように与えられた時間の中で、「オレは何やってもダメだ」と思うか、「どうしたらもっとうまくいくかな」って考えるか。

それだけの違いなんですよ。

どうせ考えるなら、「どうしたらもっとうまくいくかな」って考えてみませんか？

必ず神様が、なんらかの方法で、いいアイデアを出してくれますよ。

何か、ひらめくとか。誰か、応援してくれる人が出てくるとか。

これは、誰にでもできることです。

新しいことに挑戦すると勉強になるし、おもしろい

私は新しいことに挑戦するのが好きです。

新しいことに挑戦すると、おもしろいほどうまくいかないし（笑）、間違いも多いものです。

それを、改良して、改良して、いいものにつくりあげていく。

これがなんとも楽しいのです。

そのことを知っていると、人が間違いをしても笑って許せるし、成功したときは共に喜び合えます。

なんともシンプルな考え方ですが、この考えが「強運」を呼ぶのだと、私は思っています。

「うまい方法」なんて考えちゃダメ。足をすくわれるよ

何度も言っていますけど、強運になるには、「自分の手の届くところに、全力をそそぐ」。

それしか、ありません。

そうすると、次の展開が必ず出てきます。

そしたら、また次に上がればいいんです。

そうやって、一生涯、登りっぱなしなんですよ。

「ひとつ上、ひとつ上」ってあがっていくんです。

それを二歩も三歩もいっぺんに上にあがろうとするから、落っこっちゃうんですね。

私はこれからも、やり続けますよ。

「なんか、うまい方法ないかな?」なんて、考えちゃダメ。うまい方法が出てきたときには、たいがい、足をすくわれます。

うまい方法で、万が一、うまくいっちゃったら、また次も「うまい方法はないかな?」って考えるようになっちゃいます。そして、どんどん、危ない方向へ転がっちゃう。

それより、確実な方法を考えましょう。

世間の人は、「斎藤一人さんだから、何か特別な方法、教えてくれるんじゃないかな?」って思っているかもしれません。

残念ながら、そんなの、ないんです。

逆に、そんな方法があるって言われたら、絶対信じちゃいけません。

実は私は今日、純ちゃん（お弟子さんの千葉純一さん）の手助けに来たんです。

そしたら、成り行きで、私が本をつくることになっちゃった（笑）。

でも、やるからには、一生懸命やるんです。この本を、一生懸命、つくります。

そしたら、編集者さんが喜んでくれたり、この本を読んでファンの人が喜んでくれたりするんです。

それが「いちばんいい方法」なんです。

皆が喜ぶ方法を選ぶのが、強運なんです。

だから純ちゃんのために手助けに来たこと、編集者さんのためにしゃべったことが、強運につながるんです。

「よく、強運の一人さんには、努力はいらないんですか？」って、聞く人がいるんですけど、努力はいるんですよ、山ほど（笑）。

努力のない成果があったら、いけないんです。

神は、正当なる努力を求めるんです。努力のない成果は、悪魔の誘いですよ。

努力のいらない、うまい話に飛びついて、まれに一時的によくなることもあります。

でも、あくまでも「一時的」。それを続けていくと、どんどん人生が傾いていきます。

だんだん、人生が、悪いほうにいくんです。

「なんか、おかしいな……」

「だんだん苦労が続くようになってきたな……」

と言っているうちに、おかしな方向にいっちゃうんです。

だから、努力のいらない、うまい話は「悪魔の誘い」。

見抜ける人は、「この話は、おかしい！」ってすぐわかる。

ところが普通の人は、喜んじゃうんです。

「悪魔の誘い」には、絶対にのってはいけません。

お弟子さんたちは、斎藤一人が無名のころから信じてついてきた

私のお弟子さんのことを「一人さんのお弟子さんになれるなんて、よかったですね！」「運がいいですね！」って言う人がいます。

でも、そうじゃありません。

私のお弟子さんたちは、私が無名のころから、私のことを信じて、ついてきてくれたんです。

たとえば私が、「この本、いい本だから、七回読んでごらん」って言ったら、みんな一生懸命七回読んだんです。

いま、私が講演で、「この本、七回読むといいですよ」って言ったって、読まない人は大勢います。

でも、お弟子さんたちは、私が無名のころから、言われたとおりにやってきたんです。

みっちゃん先生なんかにも、「みんなの役に立つから、人をほめることを勉強しな」って言ったら、黙々とやり続けてきました。

だから、正当な努力を、きちんとしてきたんですよ。

努力なくして、手に入れたものは、ないんですよ。

私と知り合いになったら、努力しなくても、何かが手に入ると思っている人がいるようです。

でも、それは、ぜんぜん違いますよ。

私は、そういう考えは、あまり好きではありません。

努力なくして手に入れたものなんて、「悪魔のプレゼント」と同じなんですよ。

どんな修行も「楽しくやること」が大事

私もいろいろなことがありましたが、お弟子さんたちと、次、次って乗り越えてきました。

そうやって乗り越えてこられたのって、楽しくやってきたからだと思います。

同じ修行でも、辛《つら》くて、きびしかったら、途中でやめちゃいます。

商売のことで、何か教えるときも、「どうしたら楽しく教えられるかな?」って、いつも考えています。

松下幸之助さんの時代は、「マジメにやる」だけでよかったんです。

いまは「マジメにやる」プラス、「楽しい」を入れないとダメです。

おそらく、いま、松下幸之助さんが出てきても、「マジメにやる」だけだったら、あれほどの出世はないと思います。

でも、松下幸之助さんは頭がいい人だから、いまの世の中に生きていれば、そのことに気づいているはずです。

「楽しい」ということが、どれほど大切か。

昔は、難しい教えを、わかりやすく教えればよかったんです。

いまは、難しい教えを、わかりやすく、かつ楽しく教えなきゃいけません。

居酒屋も、料理がおいしいだけじゃいけません。お店に行くことが、楽しくなきゃいけません。

シゲ（永松茂久さん）の書いた『斎藤一人の人を動かす』（ＰＨＰ研究所）も、読んでいて感動もするけど、楽しいんだよ。

楽しく伝えることは、大事です。

「人の役に立つことを教える」

「わかりやすく教える」

「楽しく教える」

この三つがキーワードですね。

いまの時代、二つだけじゃ、失格かもしれません。三つそろって、はじめて合格点でしょう。

焼き鳥屋さんでも、「焼き鳥がおいしい」「店の感じがいい」「店に来て楽しい」、この三つがそろわなきゃダメですね。

最終的には「正しい成功法則」に従うこと

当たり前のことを、当たり前にやろうとすることが、強運なんです。

織田信長も、むちゃくちゃな性格のように見えて、一生のうち、一回しか、奇襲をしていません。

桶狭間《おけはざま》で一回奇襲をしたけど、その後は、成功法則に従って行動していたんです。

強敵と戦うときは、相手の倍の人数出すとか。いい武器を研究して、つくったりとか。

戦《いくさ》には、戦のセオリーっていうのが、あるんです。

すごいことをした人のエピソードを聞くと、「やっぱり、強い武将は、奇跡的なことをして勝つのね」と思う人がいるけれど、違うんですよ。

諸葛亮《しょかつりょう》（孔明《こうめい》）みたいに、少ない人数で相手をやっつけちゃうと、すごいと思うんだよ。

でも、いつもあんなやり方では、天下は取れません。

最終的には、「正しい成功法則」に従うこと。それが勝ち続ける秘訣です。

たとえば、「敵の倍の人数で攻めていくこと」だったり、「相手の弓矢が五〇メートル飛ぶなら、一〇〇メートル飛ぶ弓矢をつくる」っていうことなんです。

「魅力出しっこゲーム」を続けることが強運の秘訣

今後、「まるかん」がうんと伸びるかどうかって、私の生き方にかかっているると思っています。

斎藤一人さんがもっと魅力的になるかどうかにかかっているんです（笑）。

私たちは、神様と、ある約束をしてきたんです。

どんな約束かというと、

「魅力的な人間になって神様のもとへ帰る」

という約束。

黙々とその約束を果たしていれば、神様は必ず味方をしてくれます。

「魅力的って、どんなことですか？」っていうと、たとえば、男の人と女の人がドライブをしているとするよね。

その女の人が、眠くなってウトウトしたとする。
そのときに運転している男が、「オレ、隣で寝られるの、嫌いなんだよ！」
って言ったとする。
でも、それって、魅力的ですか？
あなたの言ってることって、魅力的ですか？
「眠いなら、寝てていいんだよ」
「安全運転でいくから、ゆっくり寝てな」
と言うのと、どっちが魅力的ですか？
小さなことだけど、すごく大切なことなんですよ。
魅力って、そういうことの連続なんです。
人に会ったら、その人の役に立つことをする。
その人に親切にする。
愛のある言葉をしゃべる。
そういうものの積み重ねが魅力です。

人に会ったときって、「魅力出しっこゲーム」みたいなもんです。「今日は何点、魅力出しました！」「明日は、何点出せるかな？」って、自分の中で魅力の新記録をつくっていくんです。

そうやって「ゲーム」だと思っていると、人に親切にすること、やさしくすることが楽しくなるんです。

ほとんどの人は、自分が成功したり、お金を持ったりすると、威張ったり、人が自分に気を遣ってくれることを当たり前だと思ったり、そのことを自慢に思ってしまうんです。

そんなの、かっこ悪いことですよ。

今日は、私も一生懸命しゃべったけど、この話を読んだ人が、「一人さんの話を聞けてよかった！」と思ってくれたら、最高なんです。

誰かに愛されるためには、愛される行為っていうのが必要なんですよ。愛するだけだったら、ストーカーにだって、できるんですよ（笑）。

愛されるには、愛される行為っていうのがいるんです。

その愛される行為が、素敵なんですよ。
その愛される行為が、その人の魅力なんです。
その愛される行為が、強運を呼ぶんです。

プレゼントコーナー

斎藤一人塾　愛弟子勉強会入門

ここからは、「斎藤一人塾　愛弟子《まなでし》勉強会」の第一回目の七回聞きCDを書き起こしたものです。

興味のある方は、お読みください。

弟子をとる話

お弟子さんの第一条件は、「本当に一人さんのお弟子さんになりたい人」

いよいよ私も考えまして、新しくお弟子さんをとることにしました。

お弟子さんをとるにあたって、条件がいくつかあります。

まず、

「本当に入りたい人」

「本当に一人さんのお弟子さんになりたい人」

それだけです。

当たり前のことですね（笑）。

お弟子さんになりたい人を集めて、「斎藤一人塾 愛弟子勉強会」っていうのを始めます。

たとえば、勉強会をひとつクリアするごとに、カードにハンコを押していって、ある程度ハンコがたまった人に「これだけ勉強したので、晴れてお弟子さんになれました！」って伝えるとか、楽しく勉強していきます。

お弟子さんになるのに、勉強しなきゃしょうがないですからね（笑）。

「義理と人情」を大切にしたいから、お弟子さんは、「まるかん」の人を優先します

それから、次の条件です。

お弟子さんは、

「『まるかん』の仕事をしているスタッフの人」

「『まるかん』の特約店さん」

それしか入れません。

どうしてなのか、理由を話します。

これまで私は講演も、対談も、おかげさまでたくさん依頼が来ているんですけれど、全部、お断りしてきたんです。

せっかく講演を依頼してくださった方には、生意気で申し訳なく思っています。

でも、「まるかん」の仕事をしている人たちの中に、私の話を聞きたがっている人がいっぱいいるのに、よそで先に話をするのは、「まるかん」のために働いてくれている人に対して失礼だと思っているんです。

私も人に教えるときは、全力で教えるし、一生懸命教えます。

弟子をつくるっていうのは真剣だからね。

そうすると、「まるかん」の人たちの中でお弟子さんになりたい人がいっぱいいるのに、その人たちを差し置いて、他の人に先に一生懸命教えていたら、申し訳ないんです。

それから対談は、いままで何件もお断りしているのに、突然「あなたのところではやります」って言ったら、これまでお断りした人に失礼になります。

これはGNN（義理と人情と浪花節《なにわぶし》の略）を大切にしたい私としては、当然のことだと思っています。

いまの売り上げ成績なんて関係ない。大事なのは「本人のやる気」

もし本当に「お弟子さんになりたい」っていう人がいたら、いま、その人の売り上げ成績が悪くても、いっこうにかまいません。

私も小学校や中学校のとき、成績が非常に悪かったんです（笑）。

もし、いま成績が悪かったとしても、これから仕事の勉強をしていけば、売り上げなんて自然と上がっていきます。

私が大切にしたいのは、売り上げの成績なんかじゃないんです。

ちなんです。

本気で、こう思う人が何人いるか。人数の問題ではありません。

私は、弟子になりたい人が一〇〇人いれば、「そうですか」って言うし、なりたい人が五人だとしても「そうですか」って言います。

大事なのは「やりたい」っていう本人の気持ち。

私はお弟子さんたちに、「新しいお弟子さんを、無理に集めるのはやめてね」って言っています。

無理に集まった人たちと、楽しく勉強なんか、できっこありませんからね。

また、お弟子さんになりたがっている人に、「この人は優秀じゃないから入れない」って言うのもナシです。

だって、いまダメだから、勉強するんです。

いまできないから、勉強するんです。

これから勉強していくうちに、頭角を現してくる人もいるし、「私は向かないから、やめます」っていう人も出てくるでしょう。

それでいいんです。

だけど最初から「あの人はできないから……」って、勉強の機会を与えないのだけはダメです。

「たとえ売り上げが少ない人でも、本人が勉強したいって言うなら入れてあげてよ」って、お弟子さんに言っています。

その代わり、月に何百万って売り上げがある人でも、本人が入りたくなさそうなら、入らなくていいんです。

だって、すでに何百万も稼げるのは、その人は立派な商人だってことなんです。

私は、本当に私の教えを必要としている人に教えたいんです。

これは「私塾」なんです。

それも無償の「私塾」なんです。

本気で私のお弟子さんになりたいっていう人が集まったら、私は、その人たちに、「本当の商売のしかた」や、「本当の勉強のしかた」を教えます。

真剣に、全力で教えます。

「斎藤一人の弟子になる」ってことは、「日本一の商人の弟子」だということですよ（笑）。

「日本一の商人」は、いつもどういうことを考えて、何をしているか。

「愛弟子勉強会」に出ていたら、それがわかるでしょう。

シゲ（永松茂久さん）だって、おがちゃん（尾形幸弘さん）だって、みんな私が教えたことを吸収して、いま顔晴っています。

私は、そういう人たちを見るのが嬉しいんです。

だから私は、私の話を「本気で聞きたい！」と思っている人に聞いてもらうのが嬉しいんです。

いま、世間では、私の話を聞きたいっていう人が、どんどん増えてきました。

人に教えるからには、私も全力でやります。でも、いっぺんに大勢に教えることはできません。

私のファンになってくれた人と、「まるかん」の人と、どちらを優先して教えるか……。

いろいろ迷いましたが、やっぱり、「まるかん」の人を優先して教えようって腹が決まりました。

これから続々と新しいお弟子さんが入ってくると、優秀な人がいっぱい出てくるでしょう。

先にお弟子さんになった人は、後から入ってきたお弟子さんに、負けないようにしなくちゃいけません。

私は、先にお弟子さんになった人には、負けない方法も、ちゃんと教えてあげます。

「一人さん論法」のすごいところは、全部教えてくれることです（笑）。

試験のとき、答案用紙に、このとおりに書けばいいんだよって、そこまで細かく教えてくれるんですよ（笑）。

だから、いまのお弟子さんたちも、何も心配いりません。
これからよき仲間がいっぱい増えますから、楽しみにしていてくださいね。

ヘッドピンの話
私はいつも「ヘッドピン」を探しています

ただいまから皆さんに、「一人さんのお弟子さんって、どういうことか?」っていうのを教えます。

第一回目の「愛弟子勉強会」だと思って聞いてください。

世の中には「ヘッドピン」っていうのがあります。

「ヘッドピンってなんですか?」っていうと、ボーリングのピンの、ボールを投げる人から見て、いちばん手前にある「一番ピン」のこと。

ピラミッド状に並んでいるところの先頭に、一本のピンがありますね。

あれがヘッドピンです。

私はいつも、そのヘッドピンを探しているんです。ボーリングがとてもうまい人がいて、ストライクをパーフェクトに出せる人がいるとします。

でも、この人にも、絶対にできないことがひとつだけあるんです。それは「ヘッドピンだけを倒すこと」。ヘッドピンが倒れると、後ろのピンも倒れて、全部のピンが倒れてしまうからです。

このしくみを、私は活用しているんです。

「子どもに家を建てても、三億円までは無税です」。そのひと言で、後ろのピンが倒れる

いま日本が、どうしてこんなに景気がよくならないかというと、政府はいちばん後ろのピンを一生懸命倒しているからです。

「子ども手当を始めます」とか言って、新しい制度を始めていますが、これはすべて、お金がかかることです。

ひとつずつ狙ったって、全部のピンが倒しきれるわけがないんです。

そんなことを何十年もやってきているんです。

バブルが崩壊してから、日本の景気がぜんぜんよくならないのは、ヘッドピンを狙っていないからです。

経営者とか政治家というのは、ヘッドピンを狙わなきゃいけないんです。

日本の景気をよくしたかったら、いまお金を持っている人、「ヘッドピンとなる人」を狙うんです。

日本の政府は、お金を持っている人に対して、年をとるまでずーっと使わせないようにしておいて、死んだら相続税として持っていこうとします（笑）。

そんなケチな考えはやめて、もっと人間の真理を考えてみましょう。

たとえば、政府が「親が、子どもに家を建ててあげる場合、三億円までは無税とします」って決めるとしましょう。

子どもに対する親の愛情って、すごいんですよ。

他人から電話がかかってきて、「オレだよ、オレ！」って言われただけで、お金を出しちゃう人がいるくらい、すごい愛情なんです。

「子どもには、いくらでもお金をかけてあげたい」

これが親の思いです。

それなのに、自分の子どもにお金をかけたら、とんでもない税金をとられます。だから、子どもにお金をかけたくてもかけられないのです。

よく考えてみてください。

「今年一年間、子どもに家を建ててあげる場合、三億円までは無税とします」って言ったとしましょう。それでも、国は一円もお金はかからないんですよ。

そうしたら、一〇〇〇万円かけて子どもに家を建てる人もいるし、一億円かけて家を建てる人もいるでしょう。

新しく家を建てれば、新しい家具だって必要になります。カーテンや絨毯《じゅうたん》も必要になります。家を新築したことによって、大工さんや、家具屋さんや、カーテン屋さんなど、みんなにお金がまわるんです。

これが「後ろのピンが倒れる」ということです。

それと同時に、政府が「今年一年間、領収書さえ持ってくれれば、全部仕事上の経費として認めます」と言えば、さらに後ろのピンが何百、何千と倒れます。

たとえば、男の人はキャバクラに行ってお金を使いますよね。

そのキャバクラのお姉ちゃんは、自分が稼いだお金で、ホストクラブに行くかもしれない（笑）。

そのホストクラブで働いているお兄ちゃんは、自分が稼いだお金で、ソープランドに行くかもしれない（笑）。

これらすべてが経費として認められれば、みんなどんどんお金を使います。

こうやって、お金がどんどんまわるんです。

後ろのピンがどんどん倒れていくんです。

「どこを押したら、たくさんのコマを倒せるか？」。指導者は、これを真剣に考える

商人とか、社長業をやっている人はわかると思うけど、使ったお金に対して、「これは経費として認めます」とか、「これは経費として認めません」とか、国がいろんなことを言います。

いま、「これは経費として認めます」って言われることのほうが少ないです。だから、みんな、できるだけお金を使わないようにする。

そうすると、後ろのピンが倒れないんです。

ボーリングのピンは一〇本しかありませんが、世の中にはピンの数は、千も万もあります。

一個のコマを倒したら、後ろのコマがドミノのように倒れていくんです。

指導者や人の上に立つ人は、どうしたらたくさんのコマが倒れるかを真剣に

考えなきゃいけません。

それも、「ただで倒すにはどうしたらいいか？」を真剣に考えるんです。

私は、いつもそれをじーっと考えているから、仕事がおもしろくてしょうがないんです。

「まるかん」の本社には、五人しかスタッフがいません。

でも、私は「どうしたらヘッドピンを倒せるか？」を真剣に考えたので、最少人数でドミノが倒せたんです。

だから納税日本一になれたのです。

「一人さんのお弟子さんになる」っていうことは、ヘッドピンを狙うことなんです。

いまの日本はバブルのときより、お金を持っています。

それなのに、なぜこんなに不況なのかというと、みんながヘッドピンを狙わないで、いちばん後ろのピンばかりを狙っているからなんです。

後ろのピンばかりを倒そうとしているんです。

一球で一本しか倒せないようなことをしていて、しかも球はそんなに持っていない。

だから、いつまでたっても、よくならないんです。

子どもに家を建ててあげる。

家具やカーテンも新しくそろえる。

いろんなものを新しく買うたびに、「消費税」っていうのがかかるんです。

国は、膨大な消費税もとれるし、みんなにもお金がまわってきて助かる。

こんなにいいことはありません。

政府が、「子ども手当」としてお金を配布するって言っていましたが、その手当がみんなのところに配布されるまでには、配布する人のお給料がかかります。

役所の維持管理費なんかもかかります。

そういう必要経費を引くと、国のお金はわずかしか残りません。

それなのに、「私は、子ども手当を実行します！」って声高《こわだか》に言ってる人に、票なんか入れちゃダメですよ。

以上が、日本をよくするための「ヘッドピンの話」です。

「人を動かす」ができれば、悩みは解決する

では、一般の人の「ヘッドピン」って、なんだと思いますか?

「人を動かすこと」です。

お店をやっている人で、お客さんが来ない……と悩んでいる人。

お客さんの気持ちを動かせないからなんです。

嫌な上司がいる……って悩んでいる人。

上司の気持ちを動かせないからなんです。

女にモテない……と悩んでいる人。

女性の気持ちを動かせないからなんです。

いっさいがっさい、たったひとつのことができれば、悩みは解決するんです。

「人を動かすこと」

これが、みなさんのヘッドピンです。

坂本竜馬も、人を動かすことが得意でした。

「竜馬に会うと、動きたくなる！」

そう思わせる、何かがあったんです。

古今東西、人を動かすことができる人は、何をやっても成功するんです。

こういう思いで勉強する

私は、お弟子さんたちに、「デール・カーネギーの『人を動かす』という本を、七回読みな」って言っています。

みんな七回読みますが、本の内容がモノになる人と、ならない人がいるんです。

いまから、モノになるコツをお教えします。

コツはね、「気愛」なんです。

「気愛」を入れて読むんです。

ただ「気愛を入れて読む」と言っても、どうやって気愛を入れていいのか、わかりませんよね（笑）。

では、気愛を入れるコツを教えます。

こう思って読むんです。

「ふざけるな！」

この気持ちがポイントなんです。

あなたのまわりを見渡してみて、気に入らない人がいたら、その人を思い浮かべながら、

「このヤロウ、ふざけるなよ！」

「いつか、やっつけてやるからな！」

その思いをこめて、『人を動かす』を読む。そうすると、本の内容がどんどん自分の中に入ってくるんです。

私が小さいころ、近所に、社長とか経営者とか、いろんな人がいました。その中に、クソ威張りしている人がいたんです。

私は子どものころから、その人を見て、

「ふざけるな！」

「いつか、イチコロでやっつけてやるからな！」

と思っていました。

「相手をやっつけてやりたい」と思っても、私たちはもう大人です。子どものケンカだったら、殴り合いってこともあるかもしれないけれど、大人はそれ以上の対応をしなきゃいけません。

大人のケンカは、なぐりたい気持ちをぐっとこらえて、家に帰るんです。そして家に帰って、猛然と勉強を始めるんです。一生懸命、本を読んで、どうしたら相手を抜けるか考える。

「課長に理不尽なこと言われました」って、泣いているヒマがあったら、猛然と勉強して、課長を抜く方法を考えるんです。

いいですか？

気に入らないことが起きたら、「気に入らない！」って思うだけで終わりじゃないんです。

神様は、気に入らない人間を、あなたに出してくれているんです。

だから、「ここぞ！」と思って、その人を抜くために勉強するんです。

真剣に本を読むんです。

一生懸命勉強して「ふざけるな！」って思っている人を抜いたとき、はじめて「ああ、この人がいたから、いまのオレがいるんだ」って感謝の気持ちに変わるんです。

いつまでも恨みごとを言っているのは、まだ相手を抜いていないってことなんですよ。

本を読むときに、「上司から読みなさいって言われたから……」とか、「課題で七回読むことになってるから……」とか言いながら読んだって、ちっとも頭に入ってきませんよ。

気愛を入れるんです。

よく剣道の道場でも、根性入れて、すべてを懸けて、剣道に打ち込んでいる弟子がいると、お師匠《ししょう》さんがこんなふうに声をかけます。

「お前、もう少し、肩の力を抜けよ」

でも、この「肩の力を抜けよ」という言葉は、最初から力が抜けてる人にはかけません（笑）。

見込みがない人には、声もかからないんです。

新しいことを始めるときっていうのは、自分より上の人ばかりです。どんな名横綱だって、最初は「ふんどしかつぎ」って決まっているんです。

上の人の中には、クソ威張りする人もいます。

そのとき、じっとその人を見て、

「お前ら、ふざけんなよ。いつか、ひっくり返してやるからな」っていう気持ちで勉強するんです。

世の中はクリスマスツリーみたいなもので、木の枝にたくさんの人が乗っている。

一人さんはいつも、木のいちばん下を持って、そこを思いっきりゆさぶるんです。

そうすると、誰かが落っこちてくるので、その位置に上がるんです。そして、そこでまた木をワッセワッセとゆさぶるんです。

この「ゆさぶる」っていうのは、力ずくでどかせることではありません。

「ゆさぶる」というのは「学ぶこと」。

一生懸命、自分で学んで、自分で上にあがっていくんです。

モノを学ぶときは謙虚な気持ちで学ぶ

カーネギーの『人を動かす』は、世界中でたくさんの人に読まれている名著です。

その『人を動かす』を読んで、「ここがちょっと納得いかないんです」とか言う人がいます。

でも、この本は「世界の名著」なんですよ。世界中で愛読されている本なんです。

だからもし、この本を読んで、「ここがちょっと……」って感じたら、その人自身の考え方が間違っているかもしれない。

何かを学ぶときに、すでに成功している人のやり方を見て、「あのやり方はわかりにくい」とか、「あのやり方は間違っている」とか、そんなこと言うもんじゃないんです。

そんなこと言うんだったら、自分が本を書けばいい（笑）。

その本が世界で『人を動かす』以上に売れたら、私は評価しますから（笑）。

モノを学ぶときは、もっと謙虚になるんです。

気愛を入れて、学ぶんです。

一人さんから、「少し肩の力抜きな」って言われるくらい、顔晴ってみてください（笑）。

気に入らない人が、あなたをいちばん成長させてくれる

さきほども言いましたけど、私はたくさんの社長や経営者の人を見てきました。

若いころ、パーティに行ったら、乾杯の前に、ある社長さんが前に出てきて

話を始めたんです。

その話が、長いのなんの（笑）。

せっかくついだビールの泡も消えてしまいました（笑）。

それを見たとき、こう思ったんです。

「この人でも社長が務まるのだろうか……」と。

だって、みんなのどが渇いていて、一刻も早くビールに口をつけたいと思っているのに、その気持ちもわからない。

目の前の人の気持ちもわからない人でも、社長が務まるのでしょうか？

「それだったら、オレはもっとえらくなる」

私はそう思ったんです。

私の近所には、ヤクザでベンツに乗っている人がいました。

それを見て、思ったんです。

「カタギの人間がヤクザに負けちゃいけない。オレは、まともに働いて、まともに税金払って、ロールスロイスに乗ろう」と。

近所や会社を見渡して、「あのヤロウ、ふざけるな！」って思う人がいたら、猛然と勉強してください。

それで、その人を抜いたときに、

「あの人がいたおかげで、いまの私がいるんだ」

「あの人は、観音《かんのん》さまの化身だ」

そう思うんです。

「我以外皆我師《われいがいみなわがし》」っていう言葉があります。

この言葉の中には、「気に入らない人が、あなたをいちばん成長させてくれる」ってことも入っているんです。

それなのに、一生、恨みごとを言っていたのでは、一生相手を抜けないんです。

猛然と勉強してください。

それでえらくなって、世間から、「あなたはどうしてこんなに顔晴れるんですか？」って聞かれたときに、

「たいしたことしていませんよ」

「みなさんのおかげなんです」

「ご先祖さまのおかげです」

そんなふうに、さらっと言うんです。

かっこいいでしょう?

自分で黙々と努力していると、まわりから助けが出る

「自力の後に、他力あり」って、私はいつも言っています。

自分の力で一生懸命努力していると、それを見たまわりの人から、助けが出るんです。

そして運も向いてくるんです。

ずいぶん前に、ものすごく荒れ果てた神社があったんです。そこへ新しい神《かん》

主《ぬし》さんが来ました。

その神主さんは働き者で、毎日、一生懸命掃除をして、一生懸命草取りをしていました。

そしたら、それを見ていた近所のおじいちゃん、おばあちゃんが、だんだん手伝うようになっていったんです。

一生懸命、自力で神社をきれいにしようとしている神主さんに感動して、応援が出たんです。

これが「自力の後に、他力あり」。

でも、自力で努力しないで、先に他力をお願いするっていうのは、ダメですよ。

自分で一生懸命にやらないで、「人の応援がほしいです」とか、「神の応援がほしいです」とか、ふざけたこと言っちゃいけません（笑）。

たとえ、人の一〇〇倍努力していたとしても、

「みなさんのおかげです」

そう言うんですよ。

苦しいときに、腐る人もいる。もっと大きな人間になる人もいる

人生っていうのは、「順調なとき」と「逆境で苦しいとき」の二つの時期があります。

この「逆境のとき」の過ごし方が大切なんです。

苦しいときに腐っちゃう人。

文句も言わないで勉強して、ぐんと成長する人。

この二つに分かれます。

たとえば牛乳も、腐敗菌が入ったら、腐って飲めなくなります。

でも乳酸菌を入れたら、おいしいヨーグルトになります。

これと同じです。

西郷隆盛はあるとき、殿さまの勘気に触れて、島流しになりました。

ずっと牢屋に入れられていたんです。

そのとき西郷隆盛は「オレはいままで国のためにやってきたのに」とか、文句のひとつも言いませんでした。

牢屋の中で、黙々と『韓非子《かんぴし》』（中国の春秋・戦国時代の思想書）など、本をたくさん読んで、もう一回勉強し直しました。

そして、牢屋から出たときには、前よりもっと深い知識を身につけた、すごい男になっていたんです。

西郷隆盛は、牢屋の中で、ヨーグルトやチーズになって出てきたんです。

人間としての「価値」が上がっちゃったんですよ。

自分自身を腐らせるか、もっと「価値」を上げるかは、自分しだいなんです。

魔法の言葉は「君ならできる！」

人間というのは、もともとどんな人でも、「いい素材」を持って生まれてきます。

でも、その素材を、腐らせるか、活かすかは、その人の「やる気」と「勤勉さ」にかかっています。

私が、お弟子さんたちにいつも言っている「魔法の言葉」があります。

この言葉によって、自分が持って生まれた「いい素材」を活かすことができるんです。

それは、

「君ならできる！」

この「君ならできる！」という言葉のポイントは、「この人は、本当にできるんだ」と信じて言うところにあります。

だって、「君ならできる！」と言いながら、「コイツ、本当はできないんじゃないかなあ……」と思っていたら、教える言葉に熱が入りません。

そう思ったら、一生懸命、しゃべることができないんです。

その人が、本当にできるからこそ、神様が私の前に連れてきているのです。

私も、本当にできると信じているからこそ、熱を入れて教えられるのです。

ときどき、私が教えたことに対して「それって、難しいですね」と言う人がいます。

私はその言葉を聞くと、悲しくなるんです。

その人は、きっと小さいころから、「君ならできる！」って言われたことがなかったのでしょう。

何かすると心配されたり、失敗すると怒られたり。なぐさめられたことは、あったかもしれない。

でも、「君ならできる！」って言ってもらったことがなかったんです。

でも私は、その人ができることしか言っていないんです。

吉田松陰は、すべての弟子の可能性を心から信じた

吉田松陰は私塾をやっていたときに、下級武士の子や百姓の子に学問を教えて、すばらしい人材をたくさん育てました。

そのころ、上級武士の子どもは、「藩校《はんこう》」っていう学校に通っていたんです。

でも、下級武士の子どもや貧しい百姓の子どもは、学校に行けなかったんです。

吉田松陰は、どんな田舎《いなか》の子だろうが、どんな貧しい百姓の子だろうが、全員、

「君ならできる！」

そう思って、育てたんです。

明治維新を起こしたのは、主に下級武士でした。

この人たちが、どういう気持ちで明治維新を起こしたのか、わかりますか？

「ふざけるな！」という気持ちです。

下級武士たちは、いくら努力したって、いくら才能があったって、上にあがれなかったんです。この制度のままでは、国がダメになってしまう。強国の属国になってしまう。

その制度に「ふざけるな！」という気持ちで革命を起こしたんです。恵まれて育った家老の息子が、この国をひっくり返したいと思って、明治維新を起こしたんじゃないんです。

下級武士たちは、命がけで起こしたんです。

吉田松陰よりすぐれた学者って、山ほどいるんです。

でも、そのすぐれた学者より、吉田松陰のほうが有名なんです。

「吉田松陰のすごいところって、どこですか？」っていうと、弟子を信じる気持ちなんです。

松陰は、弟子たち全員を、「君ならできる！」「あんたならできる！」って信じていました。

弟子たちは、その松陰の言葉を信じて、どんどん成長していきました。

松陰の私塾から、立派になった人が何人も出ました。

その結果、「すばらしい弟子をたくさん育てた」ということで、松陰自身も有名になったのです。

松陰にも、奇跡が起きたんです。

たとえ裏切られても、「人を信じる」という信念は変えない

これから人を育てようと思うなら、

「君ならできる！」

「あんたならできる！」

と、相手を信じる気持ちがないとできません。

「この人、ホントにできるかしら……」「こんな成績じゃ、ダメよね……」なんて思っていたら、育てられないんです。

これから学ぼうという気持ちを持っている人には、「君ならできる！」って何度も言ってあげてください。

そして、ひとつ言いたいのは、たとえ自分が信じていたとしても、なかにはその信頼を裏切るようなことをする人も出てくるということです。

キリストのことを裏切った、ユダみたいな人が出てくるんです。

だからといって、「人を信じること」をやめたらダメなんです。

キリストもユダに裏切られたけれど、だからといって信念を変えて、「人を見たら疑いましょう」とは言いませんでした。

最後まで弟子たちのことを信じたのです。

あなたのことを裏切る人もいるけれど、その人は「例外」です。

例外が出てきたからといって、信念を変えてはいけないのです。

「ボクちゃんならできるよ」。母の言葉を信じて、ここまできた

教育者や指導者になる人は、

「君ならできる！」

相手のことを信じて、いつも、そう言ってください。

私も、学校の成績が非常に悪かったです（笑）。

でも、学校の先生がなんと言おうが、私の母親が、

「ボクちゃんならできるよ」

と、いつも言ってくれたんです。

その母の言葉を信じて、ここまできたんです。

私も、お弟子さんたちに、「君ならできる！」と言い続けました。

そうしたら、みんな、商売もできるようになったし、講演もできるようにな

ったし、本も書けるようになったんです。

これからも、新しいお弟子さんが入ってきたら、私はその人を信じて、「君ならできる！」と言い続けます。

私も、もう一度、気愛を入れて、一生懸命に教えていきます。

日本が変わるまで、顔晴っていきます。

人間は風船と同じ。ガスを入れ替えれば、上昇できる

私がお弟子さんたちと出会ったころ、商売の経験がある人は、誰もいませんでした。

恵美子さん（柴村恵美子さん）は、もともと指圧師でした。

はなゑちゃん（舛岡はなゑさん）は、あんまりお客さんが来ない、ヒマな喫

茶店を経営していたんです。

みっちゃん先生は、心身の調子を崩して、仕事をお休みしていました。

誰も商売の経験もないし、まして経営の経験などなかったんです。

そんなお弟子さんたちに、私は、

「私の言うとおりにやったら、経営者になれるよ」

「絶対、成功できるよ」

と言い続けてきたんです。

なぜ、そんなふうに言えたと思いますか?

私は、あることを知っていたからです。

「その人の中身を変えたら、いくらでも上昇できる」ということです。

人間って、風船と同じなんです。

風船は、中にガスが入っていても、空気が入っていても、水が入っていても、見かけは丸くふくらんでいます。

でも、水が入っている風船は、地面に転がっているだけで、絶対に上昇しません。

ガスが入っている風船は、空高く飛んでいきます。

それと同じなんです。

たとえば、みっちゃん先生は、昔のみっちゃん先生と、見た目はそんなに変わりません。

昔の同級生と十年ぶりに道で出会っても、「あっ、みっちゃん！」って声をかけられるでしょう。

でも、みっちゃん先生の中身は、昔といまとでは大きく変わったんです。

中に入っているものを入れ替えたんです。

風船は、中に水が入っていれば、地面に転がっているだけ。

でもガスを入れれば、空高く飛んでいく。

みっちゃん先生は、自分の中にガスを入れたんです。

さきほど、みっちゃん先生が持っている『人を動かす』の本を見たら、一八回読んだという印がついていました。

私が「七回読みな」って言って、七回読み終わった後も、みっちゃん先生はまだ読み続けて勉強しているんです。

みっちゃん先生は黙々と努力をしたんです。

こうした努力の結果、みっちゃん先生の中身にガスが入って、いま経営者として成功しているんです。

中身も変えないで、「成功したいんです……」「強運になりたいんです……」って言っても無理ですよ。

風船の中に、水や石ころが入っているのに、空高く飛んでいきたいと言っているようなものですから。

自分の中身を入れ替えないかぎり、上昇することはできないんです。

そして、お弟子さんの中身を変えるお手伝いをしてあげるのが、お師匠さんの役目なんです。

自分の本の売れ行きより、その人を助けたい

私は、本を何冊も出しています。

でも、お弟子さんたちに、「一人さんの本、読みな」って、勧めたことはめったにありません。

「一人さんの本を読む時間があったら、カーネギーの『人を動かす』を七回読みな」って言っています。

その人が『人を動かす』を読んで、成長してくれれば、私は嬉しいんです。

自分の本が売れることなんかよりも、その人を助けたいって、私は真剣に思っているんです。

あの本を読んで、中身を変えてほしいんです。

自分の中身を入れ替えれば、あらゆる悩みはなくなります。

私が「『人を動かす』を七回読みな」って言うと、「えっ、七回もですか？」って言う人がいます。

でも、七回読むのって、そんなに大変でしょうか？

大学に入って卒業するのって、四年かかります。膨大な学費もかかります。

でも、『人を動かす』を七回読むと、大学に三回入ったくらい、役に立つと私は思います。お金も一冊の本代だけ。

こんなにおトクな勉強法はありません。

私はいままでに、何千冊と本を読んできました。

でも、『人を動かす』以上にいい本って、ありませんでした。

この本は、すべてのことの「基本」なんです。

『人を動かす』を何回も何回も読んで、「基本」を身につけたとき、斎藤一人さんの本に書いてあることの奥の深さがわかるでしょう（笑）。

「ああ、こういう深いことを言っていたんだな……」って（笑）。

「人を動かすこと」を学んだら、必ず実践してください

『人を動かす』を読んだら、学んだことを実践してください。

せっかくいいことを知ったのに、行動しないのでは、なんにもなりません。

『人を動かす』は、「人を動かす」っていうタイトルだけど、本当の意味は、他人を動かすための本じゃないんです。

人って、あなた自身のこと。

あなた自身を動かすための本なんです。

たとえば『人を動かす』には、「相手の自己重要感を高めよ」っていうエピソードが出てきます。

自己重要感というのは、「自分は価値がある人間なんだ」って思う気持ちの

ことです。

「相手の自己重要感を満たしてあげること」が、人を動かすポイントなんです。

日本では、相手の自己重要感を大切にする習慣が、あまりなかったんです。

江戸時代は身分制度がはっきりあって、身分が上の人間が、下の人間を、こき使っていたんです。

その次は、学歴社会になりました。

戦争中は、軍人が威張っていて、言うことを聞かない人がいると、平気でビンタしました。

でも、いま上司が部下のことをビンタしたら、訴えられるでしょう。

社長が怒鳴ってばっかりいたら、社員がいなくなるでしょう。

いま、相手の自己重要感を高めることが、本当に必要とされているんです。

相手の自己重要感を高めるのは、ほめることだったり、他にも、工夫しだいでいくらでもできます。

たとえば、人にちょっとしたものをプレゼントします。

たいしてお金をかけなくてもいいんです。

マグカップに文字を書いて、レンジで焼きつけると、文字が剝《は》がれ落ちないようになるペンが売られています。

一〇〇円のマグカップに、「〇〇さん、生まれてきてくれて、ありがとうございます」って書いて、お誕生日の人に配る。

一〇〇〇円あれば、一〇人の人を、喜ばせることができるんです。

まずは自分が動くんです。

人を喜ばせて、相手の自己重要感を高めるんです。

「私は、動くのが好きじゃないから……」とか、「人見知りだから……」とか、そんなこと言ってる場合じゃありません。

これから、空高く上昇していきたいと思っているなら、あなたが動くしかないんです。

人をワクワクさせる「浮きちか」になろう

よく縁日なんかで、いろんな風船を売っていますね。

テキヤさんの専門用語で、風船のことを「ちか」って言います。

中に水が入っていて、子どもたちがボンボン手でたたく水風船を、「水《すい》ちか」って言います。

空気が入っていて、タコとかいろんな形をしている風船を「つりちか」と言います。

中にガスが入っていて、ふわふわ浮いている風船を、「浮きちか」って言います。

縁日では、テキヤさんの元締めの人が、誰が、どこで、何を売るかをすべて決めるんです。

これを「わりふり」って言います。

その「わりふり」の人が言うには、「水ちか」の隣で「浮きちか」を売ると、「浮きちか」ばかりが売れてしまうそうです。

水に浸《つ》かっている「水ちか」と、ふわふわして、いまにも飛んでいきそうな「浮きちか」が並んでいると、子どもは「浮きちか」のほうをほしがる。

「浮きちか」のほうが、なんかワクワクしたものを感じるのでしょう。

私たちも、人がワクワクするような、「浮きちか」にならなくてはいけません。

自分の中に「成功の波動」というガスを入れて、魅力的になって上昇していくんです。

いくら成功法則を勉強して、それを人に話したとしても、その話がおもしろくて魅力的でなければ、人は喜ばないんです。

たとえば「まるかん」の商品でも、お客さんの病気を予防できるだけじゃなくて、心まで楽しくなっちゃうような商品を、私はお客さんにも特約店さんにも提供してあげたいんです。

自分のことを考えてみてください。

「オレは、水ちかなんだろうか。それとも、つりちかなんだろうか。それとも、浮きちかなんだろうか……」と。

どの風船も、それぞれに、すばらしい役目があると思います。

でも、手を離したら落っこちて割れちゃう「水ちか」より、ずっとヒモでつるされている「つりちか」より、やっぱりどこまでも上昇していく「浮きちか」の人生のほうが、ワクワクして楽しいのではないでしょうか？

自分の中に、どこまでも飛んでいけるようなガスを入れてあげましょう。

そのガスが「学ぶ」ということなんです。

「人を動かすこと」を学ばないと、商品は売れない

私が会社のスタッフや特約店の人に、「勉強しなね」って言うと、よく、何を勉強したらいいかわからない人がいます。

なかには、商品の成分のことを細かく勉強する人がいます。

お客さんも誰も聞いていないのに、「この成分はこうで……、この効能はこうで……」などと、長く説明をする人がいます。

お客さんが望んでいないことなんか、しなくていいんです。

だって、もしお客さんが本当に成分のことを知りたければ、成分説明がラベル裏に書いてあるから、それを読めば済むんです。

成分のことよりも、お客さんは、自分の心を喜ばせてほしいんです。

「人の心を動かす人間」になれば、商品はいくらでも売れます。

人が悩んでいたら、それを解決できるような人間になるんです。

アンドリュー・カーネギーは「鉄鋼王」だけど、鉄のことは何も知らなかった

『人を動かす』の著者のカーネギーとは違う人で、アンドリュー・カーネギーがいます。「鉄鋼王」と呼ばれていますが、実は鉄のことは何も知りませんでした。

あるとき裁判になって、裁判官から鉄のことをいろいろ聞かれ、「あなたは、そんなことも知らないのですか」と言われたとき、カーネギーは「私は、鉄のことはよくわからないです。しかし私の部下には、鉄鋼について熟知している、優秀な人がたくさんいるんです」って言ったんです。

わかりますか？

鉄鋼のことを熟知している優秀な人が、カーネギーのもとで働きたがっているんです。

人を動かすことができれば、細かい知識なんて知らなくても、なんでもできるんです。

日本でよく、人の会社を買収する人がいます。

「乗っ取り王」って、いろんな人から、すごく嫌われます。

カーネギーは人の会社をたくさん買収しましたが、決して嫌われませんでした。

それは、「何をすれば人が喜ぶか」をよく知っていたからなんです。

たとえば、ここに、「みっちゃん鉄工所」っていうのがあるとします。

その「みっちゃん鉄工所」を、「一人さん鉄工所」が買収することになりました。

それで、新しい名前をつけましょうってなったときに、カーネギーは必ず、乗っ取った相手の名前を頭につけたんです。

「みっちゃん・一人さん鉄工所」っていうふうに。

決して、「一人さん・みっちゃん鉄工所」とはしなかった。

なぜだか、わかりますか？

人っていうのは、自分の名前を、ものすごく大切に思っているんです。自分の名前を先頭につけられただけで、乗っ取られた気にならないんです。自分のことを立ててもらったと思うんです。

カーネギーは、そのことを知っていたんです。

カーネギーは子どものころ、ウサギ小屋の番をしたことがありました。たくさんいるウサギのエサを取るのって、なかなか大変です。

そこでカーネギーは、自分の友達を呼びました。

そして、ウサギに一匹ずつ、友達の名前をつけたんです。

たとえば、「はなゑちゃんウサギ」「まゆみちゃんウサギ」っていうふうに。

そしたら皆は、自分の名前をつけてもらったウサギをかわいがるようになりました。みんな喜んで、エサとなる草を取ってきてくれたんです。

わかりますか？

名前って、そのくらい大切なんですよ。

もし誰かが目の前であなたの名前を紙に書いて、その紙をくしゃくしゃっと丸めてゴミ箱に捨てたら、どうでしょう?

すごく気分悪いですよね。

でも、実際に捨てたのは、インクと紙だけです。

名前って、書いた時点で付加価値が発生するんです。だから、人の名前を傷つけるようなことは、絶対にしちゃいけないんです。

これは基本的なことです。

人は、何をしたら喜び、何をしたら怒るのか。

まず「基本」を学んでください。

トラブルが起きたときに学んだことは心に沁み入る

私はいつも「ツイてる」って言っています。

たとえ、何かトラブルが起こっても、「ツイてる」って言います。

なんでトラブルが起こったときに「ツイてる」って言うのか。

困ったことは、起こらないからです。

何かトラブルが起きたときは、

「学ぶ機会を与えられたとき」

なんです。

トラブルで困ったら、そのことに詳しい人に聞きに行きます。詳しい人がまわりにいなかったら、本屋に行きます。その中で、トラブル解決のヒントとなる本を探すんです。

本は、あくまで「入門書」を探します。

入門書以上に深く書いてある本に、手を出してはいけませんよ。

商売で困ったのなら、商売繁盛のコツを書いた入門書を一〇冊ぐらい買ってきて読みます。

あくまでも「基本」を覚えるんです。

なぜかというと、あなたの悩みにぴったり合わせて書いた本などないからです。

たとえば、あなたは喫茶店のオーナーで、自分のお店を繁盛させたいとします。

でも、それぞれの具体的な解決法は、場所や条件によって少しずつ異なってきます。

銀座の喫茶店なのか、地方の喫茶店なのか。

それによって、ぴったりの解決法は異なります。

でも、「基本」は一緒なんです。

「お客さんに喜ばれる店にする」ということです。

だから、まず基本を学んで、自分のお店の条件に合ったやり方を、自分で見つけていくんです。

「この本は、私にぴったりの解決法が出ていないから……」とか、本に文句を言う人がいますが、あなたの悩みの解決法が、こと細かに出ている本なんてありません。

だって、もしそんな本があったら、あなたしか買う人がいないんです（笑）。

世の中を渡っていくのに、必要なのは「基本」です。「基本」を覚えることって、すごくおもしろいんです。

特に、トラブルで困ったときに学んだ「基本」ぐらい、おもしろいものってありません。

どんな人も、人生の中で、何もかもがうまくいく「順調なとき」と、うまくいかない「逆境のとき」があります。

この「逆境のとき」に、ふてくされて腐ってしまう人と、学んでさらに大きくなる人に分かれるのです。

だから、トラブルが起きて困っている「逆境のとき」というのは学ぶチャンスなのです。神様があなたに、「いまは、学んでおきなさいよ」とチャンスをくれたんです。

困ったときに学んだことというのは、心にスーッと沁《し》みるように入ります。

のどが渇いているときに、飲み物を飲むと、スーッと入っていきますね。

それと同じなんです。

「逆境のとき」に学び直した人が強運をつかむ

「逆境のとき」は、必ず終わるときが来ます。

「逆境のとき」が終わると、「順調なとき」に戻ります。

「逆境のとき」に学んだことは、「順調なとき」に大きく役立つのです。

ところが「順調なとき」に戻っても、人間の中身が「腐って使えない状態」になっていると、活躍することはできません。

空高く上昇していくことは、できないんです。

「逆境のとき」に、あなたはどんなふうに過ごしますか?

「運が悪かったんだ……」「政府が悪いんだ……」「世間が悪いんだ……」と愚

痴を言って、ふてくされて過ごしますか?

それとも、「これは学び直すチャンスなんだ。人間として、大きく飛躍するチャンスなんだ」と、謙虚な気持ちで学び直しますか?

もともと私たちは、この世に、学びに来ているんです。何かトラブルが起きても、それは、学ぶチャンスなんです。

「逆境のとき」に、「運が悪い……」「政府が悪い……」「世間が悪い……」と愚痴を言っていると、自分を腐らせてしまいます。

何があっても、自分を腐らせたらダメなんです。

「逆境のとき」に学ぶ人に、神は大きく味方をするんです。

「逆境のとき」に学ぶ人が、強運をつかめるのです。

さいとうひとり公式ブログ

http://saitou-hitori.jugem.jp/

一人さんが毎日あなたのために、ついてる言葉を、日替わりで載せてくれています。愛の詩も毎日更新されます。ときには、一人さんからのメッセージも入りますので、ぜひ、遊びに来てください。

お弟子さんたちの楽しい会

♥斎藤一人　一番弟子――――――――――――――――――柴村恵美子

恵美子社長のブログ　http://ameblo.jp/tuiteru-emiko/

恵美子社長のツイッター　http://twitter.com/shibamura_emiko

ＰＣ　http://www.shibamura-emiko.jp/

♥斎藤一人　柴村恵美子の楽しい公式ホームページが始まりました！

http://shibamuraemiko.com/

♥斎藤一人　感謝の会――――――――――――――――会長　遠藤忠夫

http://www.tadao-nobuyuki.com/

♥斎藤一人　ふとどきふらちな女神さま――――会長　舛岡はなゑ

http://ameblo.jp/tsuki-4978/

♥斎藤一人　人の幸せを願う会――――――――――会長　宇野信行

http://www.tadao-nobuyuki.com/

♥斎藤一人　芸能人より目立つ!! 365日モテモテ♡コーディネート♪

――――――――――――――――――――――――――会長　宮本真由美

http://ameblo.jp/mm4900/

♥斎藤一人　今日はいい日だの会――――――――――会長　千葉純一

http://www.chibatai.jp/

♥斎藤一人　今日一日奉仕のつもりで働く会――――会長　芦川勝代

http://www.maachan.com

♥斎藤一人　ほめ道――――――――――――家元　みっちゃん先生

リニューアル中

ひとりさんファンの集まるお店

全国から一人さんファンの集まるお店があります。みんな一人さんの本の話をしたり、ＣＤの話をしたりして楽しいときを過ごしています。近くまで来たら、ぜひ、遊びに来てください。ただし、申し訳ありませんが、一人さんの本を読むか、ＣＤを聞いてファンになった人しか入れません。

新店住所：東京都葛飾区新小岩1-54-5　１階　電話：03-3654-4949
行き方：ＪＲ新小岩駅南口のルミエール商店街を直進。歩いて約３分
営業時間：朝10時から夜８時まで。年中無休

ひとりさんよりお知らせ

今度、私のお姉さんが千葉で「ひとりさんファンの集まるお店」というのを始めました。
みんなで楽しく、一日を過ごせるお店を目指しています。
とてもやさしいお姉さんですから、ぜひ、遊びに行ってください。

行き方：ＪＲ千葉駅から総武本線・成東駅下車、徒歩７分
住所：千葉県山武市和田353-2　電話：0475-82-4426
定休日：月・金
営業時間：午前10時～午後４時

各地のひとりさんスポット

ひとりさん観音：瑞宝山　総林寺
住所：北海道河東郡上士幌町字上士幌東４線247番地
☎01564-2-2523
ついてる鳥居：最上三十三観音第二番　山寺千手院
住所：山形県山形市大字山寺4753　☎023-695-2845

観音様までの楽しいマップ

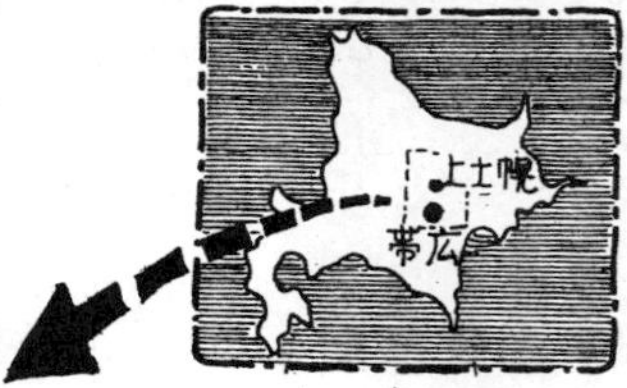

① 愛国↔幸福駅

『愛の国から幸福へ』この切符を手にすると幸せを手にするといわれ、スゴイ人気です。ここでとれるじゃがいも・野菜・etcは幸せを呼ぶ食物かも!! 特にとうもろこしのとれる季節には、もぎたてをその場で茹でて売っていることもあり、あまりのおいしさに幸せを感じちゃいます。

② 十勝ワイン（池田駅）

ひとりさんは、ワイン通といわれています そのひとりさんが大好きな十勝ワインを売っている十勝ワイン城があります

★十勝はあずきが有名で『赤い宝石』と呼ばれています。

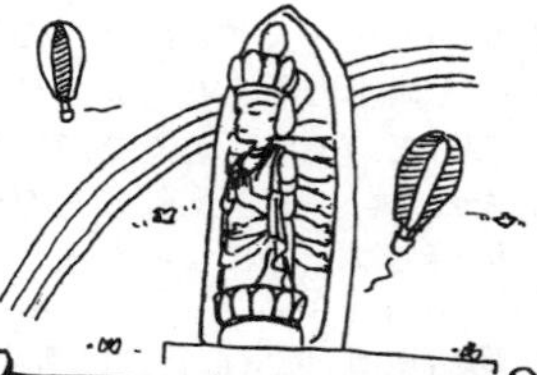

★観音様

ひとりさんの寄付により、夜になるとライトアップして、観音様がオレンジ色に浮かびあがり、幻想的です。

③ 上士幌

上士幌町は柴村恵美子が生まれた町。そしてバルーンの町で有名です。8月上旬になると、全国からバルーニストが大集合。様々な競技に腕を競い合います。体験試乗もできます。ひとりさんが、安全に楽しく気球に乗れるようにと願いを込めて観音様の手に気球をのせています。

④ ナイタイ高原

ナイタイ高原は、日本一広く大きい牧場です。牛や馬、そして羊もたくさんいちゃうのヨ。そこから見渡す景色は雄大で感動!! の一言です。ひとりさんも好きなこの場所は行ってみる価値あり。

牧場の一番てっぺんにはロッジがあります（レストラン有）。そこで、ジンギスカン焼肉・バーベキューをしながらビールを飲むとオイシイヨ!! とってもハッピーになれちゃいます。それにソフトクリームがメチャオイシイ。2ケはいけちゃいますヨ。

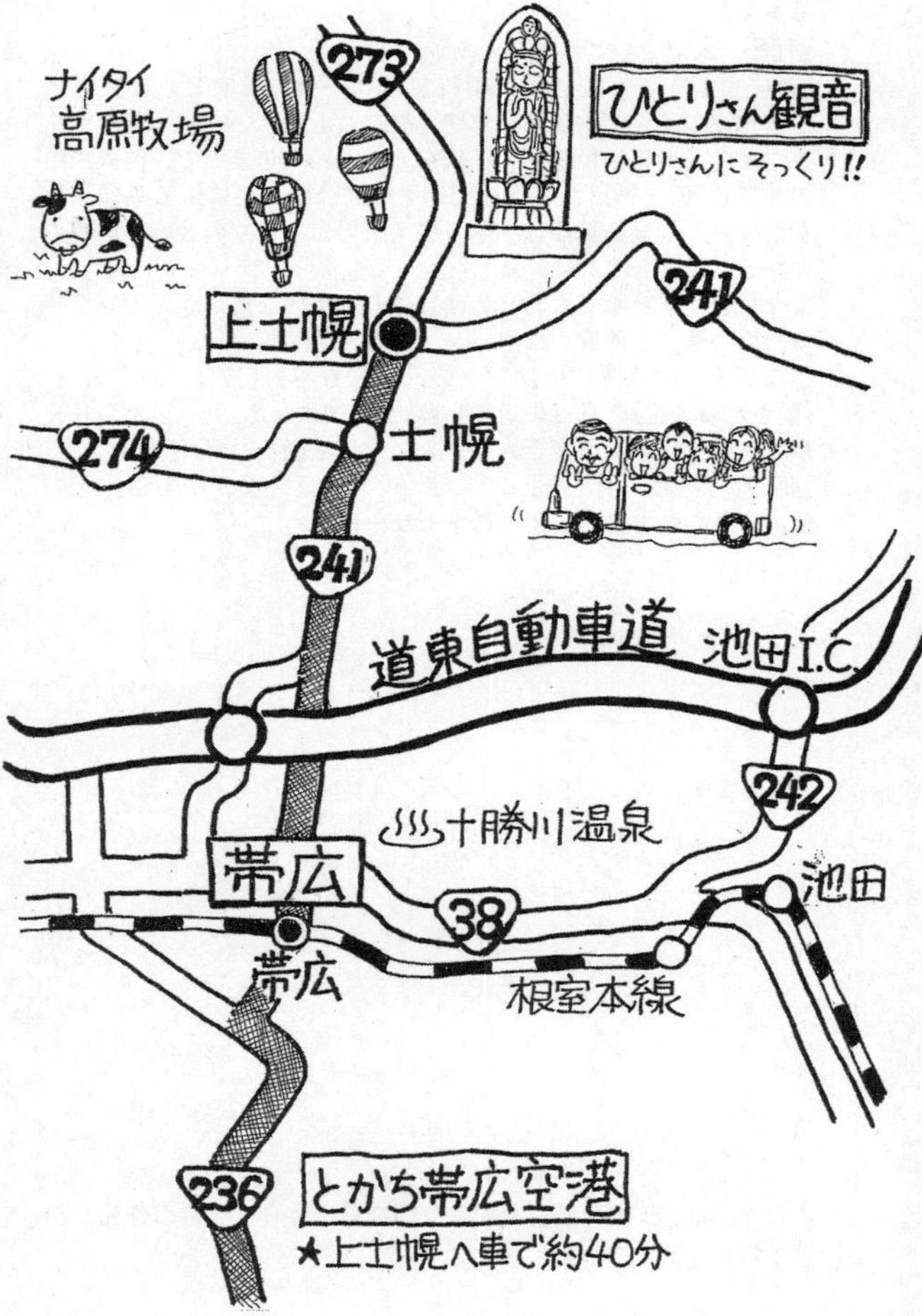

ナイタイ
高原牧場
273
ひとりさん観音
ひとりさんにそっくり!!
241
上士幌
274
士幌
241
道東自動車道
池田I.C.
242
十勝川温泉
帯広
38
池田
帯広
根室本線
236
とかち帯広空港
★上士幌へ車で約40分

著者紹介

斎藤一人（さいとう　ひとり）
「銀座まるかん」創設者で納税額日本一の実業家として知られる。1993年から、納税額12年間連続ベスト10という日本新記録を打ち立て、累積納税額も、発表を終えた2004年までで、前人未踏の合計173億を納めた。土地売却や株式公開などによる高額納税者が多いなか、納税額はすべて事業所得によるものという異色の存在として注目されている。
また、著作家としても、心の楽しさと経済的な豊かさを両立させるための著書を何冊も出版。
主な著書に『人生に成功したい人が読む本』（ＰＨＰ研究所）、『愛される人生』『幸せの道』『地球が天国になる話』（以上、ＫＫロングセラーズ）、『変な人の書いた成功法則』（総合法令出版）、『眼力』『微差力』（以上、サンマーク出版）などがある。その他、多数の著書がすべてベストセラーになっている。

この作品は、2011年６月にＰＨＰ研究所より刊行された作品に加筆・修正を加えたものです。

ＰＨＰ文庫　強運

2016年３月15日　第１版第１刷
2017年３月29日　第１版第２刷

著　者　斎藤一人
発行者　岡　修平
発行所　株式会社ＰＨＰ研究所
東京本部　〒135-8137　江東区豊洲5-6-52
文庫出版部　☎03-3520-9617（編集）
普及一部　☎03-3520-9630（販売）
京都本部　〒601-8411　京都市南区西九条北ノ内町11
PHP INTERFACE　http://www.php.co.jp/
組　版　株式会社PHPエディターズ・グループ
印刷所
製本所　図書印刷株式会社

ISBN978-4-569-76545-7

PHP文庫好評既刊

斎藤一人 世界一幸せになれる7つの魔法

宮本真由美 著

幸せなお金持ち・斎藤一人さん直伝「誰でも幸せになれる7つの魔法」。たった7つの法則を実践するだけで人生も仕事も恋もうまくいく！

定価 本体六〇〇円（税別）

斎藤一人 ほめ道

みっちゃん先生 著

「そのバッグかわいいですね」「部長のネクタイ、よく似合ってます」など、どんな人も味方につけて運がよくなるほめ言葉の数々を紹介！

定価 本体五六〇円（税別）

PHPの本

斎藤一人 みるみる運を引き寄せる「そうじ力」

舛岡はなゑ 著

幸せな大富豪が教えてくれた、運もお金も引き寄せるそうじ術!「いらないものを捨てる」から始める、誰でもできる片づけのコツ。

【四六判】定価 本体一、二〇〇円（税別）

PHPの本

斎藤一人 天が味方する「引き寄せの法則」

柴村恵美子 著

人間関係が良好で、お金も集まる人には共通点がある。日本一の高額納税者・斎藤一人氏から教わった人間関係が改善しお金が自由に手に入る法。

【B6判変型】 定価 本体一、〇〇〇円（税別）

PHPの本

斎藤一人　天とつながる「思考が現実になる法則」

柴村恵美子　著

あなたの人生が、あなたの思った通りにならないのには理由があるのです。幸せな大富豪・斎藤一人さんから教わった人生に奇跡をおこすコツ。

【B6判変型】　定価　本体一、〇〇〇円（税別）

PHPの本

斎藤一人 天も応援する「お金を引き寄せる法則」

柴村恵美子 著

お金に困らない人には共通点がある。日本一幸せで豊かな大金持ち・斎藤一人さんの一番弟子が教える、がんばらないでお金を引き寄せるコツ。

【B6判変型】 定価 本体一、〇〇〇円（税別）

PHPの本

斎藤一人そのままの自分でいいんだよ

宮本真由美　著

長者番付で知られる斎藤一人さんの弟子で、自身も経営者として成功した著者。幸せになるために自分らしく生きるコツを紹介する一冊。

【四六判】　定価　本体一、二〇〇円（税別）

PHPの本

斎藤一人 神的《かみてき》な生き方

みっちゃん先生 著

納税額日本一の斎藤一人氏に、みっちゃん先生が〝ヨチヨチ歩き〟の頃から教わってきた素敵な生き方を物語で紹介。輝いて生きる秘訣。

【B6判変型】 定価 本体一、二〇〇円（税別）

PHPの本

斎藤一人 開運つやメイクと魔法の法則

舛岡はなゑ 著／ひらいみも 絵

幸せな人はみんな、顔につやがある！15分できれいになって、運もよくなる簡単「つやメイク」と、人生がうまくいく考え方を紹介。

【四六判】 定価 本体一、二〇〇円（税別）